マイケル・ホワイト/著
ビル・ブライソン/まえがき
大森充香/訳

ニュートン
と
コーヒータイム Coffee with Isaac Newton

読者のみなさまへ

本書のインタビューは完全なフィクションですが、確かな歴史的事実に基づいて構成されています。想像上のインタビュアーが架空のニュートンにインタビューを行います。どのような対話の場が想定されているかは著者による「はじめに」をご覧ください。ニュートンの生涯を短くまとめた「小伝」のあと、インタビュー「ニュートンとコーヒータイム」が始まります。

＊本文中、〔　〕カッコ内に示しているのは訳者による補足です。

Coffee with Isaac Newton
All Rights Reserved
Copyright © Watkins Publishing Limited 2017
Text copyright © Michael White 2008
Foreword copyright © Bill Bryson 2008
Japanese edition published by arrangement through The Sakai Agency

目次

まえがき ビル・ブライソン　*4*

はじめに　*8*

アイザック・ニュートン（1642-1727）小伝　*11*

ニュートンとコーヒータイム　*31*

 幼少期の心の傷　*32*
 ひらめき　*38*
 手ほどき　*47*
 激しい争い　*53*
 信仰の変化　*61*
 るつぼのなかに見た光　*67*
 古代の秘密　*77*
 引力と運動　*83*
 光の性質について　*95*
 優れた望遠鏡　*102*
 新たなスタート　*107*
 ロンドンでの生活　*115*
 王立協会　*122*
 素晴らしき遺産　*128*

参考資料　*133*
索引　*134*
訳者あとがき　*136*

まえがき
ビル・ブライソン

　ロンドン王立協会の地下室にて。物腰柔らかな公文書保管人のジョアンナ・コーデンが白い箱を開け、この学術機関でもっとも崇敬されている遺品のひとつをそっと取り出しました。アイザック・ニュートンが亡くなった1727年の晩に作られた彼のデスマスクです。

　私は感動的な瞬間を期待していました——なんと言っても、ニュートンはその時代誰よりも想像力と好奇心に富んだ偉人。その物理的存在にこれほど近付けることなど滅多にないのですから。けれども実際はコーデンが言っていたとおりでした。ニュートンの顔つきはやけに虚ろで、どことなく期待外れな感じがしたのです。もちろん、表情豊かなデスマスクがあるとは誰も思わないでしょう。それにしても、ニュートンのデスマスクは、まるで無表情を決め込んでいるかのようでした。

　「亡くなってもなお」とコーデンは言いました。「彼は、正体を明かしてはくれませんでした。」

私たちはうやうやしくデスマスクを見つめ、しばらくして、コーデンはマスクを箱に戻し、元通りにふたをしました。すると、早くもニュートンの顔つきがおぼろげになっていくのでした。

　歴史上の偉人のなかでも、アイザック・ニュートンほど有名で、謎に包まれている人は他にいないでしょう。実際に、ニュートンは二重の意味で理解しがたいのです。ひとつは、彼が行った科学研究の大部分が複雑だったから。もうひとつは、彼が人目を避けて一風変わった生活を送っていたからです。ニュートンは可能な限り世間の俗事から離れ、30年にわたりケンブリッジで学術研究に没頭しました。しかしその一方で、ロンドンで過ごした壮年期以降は、人々から尊敬される公の人となり、現状を変えるためにあれこれ主張するような人でもありました。ニュートンはもっとも基本的な宇宙の秘密を紐解くことに成功しましたが、錬金術や突飛な宗教の予言などについても同じくらい熱心に研究しました。発見の優先権争いに何年も費やすことになると分かっていながら、彼自身が陳腐な賛辞を好まなかったこともあって、驚くべき

発見を何十年もしまい込んでおくこともありました。要するに、非常に分かりにくい男だったのです。

　コーデンは、協会に保管されている宝をもうひとつ取り出してきました。ニュートンが1669年に作製した小さな反射望遠鏡です。長さわずか15センチほどですが、その出来映えは見事です。ニュートンは自ら鏡を研磨し、回転式ソケットを設計して、自身の手で木製の鏡筒を動かしました。当時、この望遠鏡は驚くべき技術の結晶でありながら、輝かしい美しさを兼ね備えていました。この道具の作り手は、科学の才能と同じくらい優れた感性と情熱を持ち合わせていたのです。

　「不思議ですよね。」コーデンは、私の考えを見抜いているかのように言いました。「彼自身のデスマスクよりも、彼が作った道具のほうが、本人の存在を身近に感じられるなんて。」

　これまでニュートンほど秘密主義の人はいませんでした。本書では、著者のマイケル・ホワイト氏がこの分かりにくい男を蘇らせてくれたおかげで、彼の一風変わった行動や突飛な発言の数々も理解しやすくなっています。さらに嬉しいこ

とに、ニュートンがもっとも果敢に挑戦した科学概念を、科学的発見の真の美しさや素晴らしさとともに、理論的かつ驚きに満ちた方法で分かりやすく伝えてくれます。

　さあ、世にも珍しい体験が待っていますよ。歴史上もっとも偉大な人物のひとり、ニュートンの思想をのぞいてみましょう。

　　　　　Bill Bryson

　　　　　　　　　　　ビル・ブライソン

はじめに

　アイザック・ニュートンは彼が生きていた時代を超越した人でした。おそらく、彼ほど現代に影響を与えた人物は他にいないでしょう。ニュートンは引力の法則を打ち立てただけでなく、新たな光の理論を考案したり、微積分法を生み出して数学に革命を起こしたりしたのです。大著『プリンキピア・マテマティカ』（自然哲学の数学的諸原理）は、これまで出版された科学書籍のなかでもっとも重要だと言って間違いありません。この本のなかでニュートンが説明した物体の運動に関する理論は、彼の死後数十年を経て産業革命を巻き起こしました。

　ニュートンは、たった一度の人生のなかで驚くほどたくさんの成功を収めました。実際、さまざまな仕事にも就いています。科学者と数学者から始まり、下院議員になると、やがて王立造幣局の長官を務める管理者になりました。晩年は、博物愛好家が集うグループにすぎなかった王立協会を、優れた科学機関に変えました。ニュートンは非常に敬虔(けいけん)で信心深

いキリスト教徒でしたが、その宗教的信条は完全に異端と見なされていたものであり、オカルト現象などの禁じられた主題を含む秘儀的な知識の探究に多くの時間を費やしました。

　この本は、私とアイザック・ニュートンとで交わされる会話形式になっています。設定は読者の皆さんのご想像にお任せしますが、彼の功績や彼が生きた時代の主要な出来事を振り返られるように、晩年のニュートンとのインタビューを想定しています。

　ニュートンは、しょっちゅう機嫌が悪かったり人付き合いを嫌ったりするような気むずかしい人でした。そのため友人もほとんどいませんでした。なにより自分の考えを頼りにするたちなので、ニュートンに一目置かれるためには相当な努力が必要でした。もしかしたら、ニュートンはこれから始まるインタビューのような会話を嫌がったかもしれません。しかし一方では、自分の優れた才能や多くの発見を人々に知ってもらいたいという望みも持っていました。

アイザック・ニュートン（1642-1727）小伝

　アイザック・ニュートンのお決まりのイメージといえば、17世紀の装いをした若い男性が木の根元に座り、宇宙の本質について物思いにふけっている姿でしょう。思いがけずリンゴが頭の上に落ちてきてひらめきの瞬間が訪れると、思想は具体性を増し、膨大なアイディアが溢れて、万有引力の法則、さらには引力の働きを説明する法則を思い付いたというのです。

　この空想的なエピソードの真偽のほどは定かではありません。ウールスソープにある母親の家（ニュートンの生家）には確かにリンゴの木がありました。リンゴの木は今も同じ場所にあるので、アイザック・ニュートンが折に触れてリンゴの木の下に座ったこともあったでしょう。1665年の夏、ニュートンは母親を訪ねてしばらく実家に滞在していました。ロンドンで流行していたペストがケンブリッジにまで波及したため避難してきたのです。そして、ニュートンが引力に関

する考えをまとめたのもこの夏でした。ただ、リンゴが落ちてきたその瞬間に一連の複雑な理論を一気にひらめいたというのは、あまりにも単純すぎます。第一、そんな鮮やかな発見の仕方がどこにあるでしょう。これはおそらく、真実をぼかすためにニュートン自身が作った逸話ではないかと考えられています。

———

アイザック・ニュートンは1642年のクリスマスに生まれました。リンカンシャーのウールスソープという村にある比較的裕福な家でした。同じアイザックという名前の父親は読み書きができず、農民として農園を営んでいました。結婚した相手はハナ・アスキューという地元の娘でした。ハナの家は、社会的地位は高いものの、一連の投資に失敗し、土地と財産の大半を失ったばかりでした。

当時、イングランドは内戦の危機にありました。その年の夏、対立する政治団体と宗教団体のあいだで小さな衝突が何度か起ると、やがて残忍な殺りく戦に発展します。家族は思想の違いによって分裂し、兄弟が敵対することも珍しくはあ

りませんでした。平たく言えば、イングランド内戦は君主制を支持する騎士党（国王派）とチャールズ1世を退位させたい円頂党（議会派）との衝突でした。しかし、それは同時にカトリック教徒とプロテスタント教徒の戦いでもありました。事の発端は、1世紀ほど前にヘンリー8世がローマ・カトリック教会から分離したことにありました。ニュートンの家は敬虔なプロテスタント教徒で、チャールズ1世は非常に熱心なカトリック教徒でした。そのため、この内戦においてニュートン一家は円頂党の主張を支持していたと考えられます。

　アイザック・ニュートンの父親は、息子が生まれる前に亡くなりました。予定よりも2ヶ月早く生まれた赤ちゃんはあまりにも小さくて、小鍋にすっぽり収まってしまうほどだったと言われています。実際、赤ちゃんはそう長くは生きられないだろうと思われていました。母親のハナは男の子が3歳になった時に再婚しましたが、地元の牧師をしていた新しい夫バーナバス・スミスは、アイザックと一緒に暮らすのを嫌がりました。そのため、アイザックはウールスソープの家で祖父母に育てられたのでした。

この出来事はニュートンの心の傷となり、彼の人格形成に大きく影響を及ぼしました。ニュートンは義父をひどく嫌い、日記には「殺してやりたいと思った」とまで書いています。学生時代は内向的で、いつも人と距離を置いていました。学校の成績はこれといってよくありませんでした。けれども、ニュートンが14歳くらいの時に、校長のヘンリー・ストークス先生がその才能に気付いてニュートンに勇気と自信を与えたのでした。

　グランサムのキングス・スクールに通っているあいだ、ニュートンは薬局を営むクラーク家にしばらく下宿していました。クラーク氏の兄弟ジョセフ・クラーク博士はケンブリッジ大学の教師として成功を収めていましたが、若くして亡くなり、薬局の奥の部屋に膨大な数の専門書を残してゆきました。蔵書のなかには、ガリレオやジョルダーノ・ブルーノ、ルネ・デカルトらによって書かれた急進的な本もありました。ニュートンは1661年にケンブリッジのトリニティ・カレッジに入学しましたが、その頃にはもうすっかり蔵書を読み尽くしていました。

ケンブリッジに行くとまもなく、ニュートンは年輩の学者たちの影響を受けるようになります。彼らは、ニュートンに秘められた才能を感じて応援したのです。なかでも、もっとも重要な人物はハンフリー・バビントン、ヘンリー・モア、アイザック・バローといったケンブリッジ大学の教官でした。

　ニュートンは1664年から光の本質と特徴を発見するための実験を始めています。当初はデカルトから知識を得ていましたが、異なる条件下における光の振る舞いの分析においては、すぐにデカルトを追い越してしまいました。ニュートンは、光の反射や屈折、拡散を数学的に系統立てて記述しました。また、色の本質を明らかにし、スペクトルの作り方や扱い方も説明しました。ところがニュートンは自らの発見を記録して、自分だけの秘密にしていました。若い学生の時からすでに、誰かにつけ込まれるのではないかと疑い、何かを出版しようとすれば誰かにアイディアを盗まれるかもしれないと被害妄想を抱いていたのです。

　1665年の夏から1666年の夏までの1年間は、ニュートンの「驚異の年」と呼ばれており、それには相応の理由があり

ます。ニュートンは、この驚くべき12ヶ月のうちに、引力の理論に関する数学的基盤を築き、運動の三法則を打ち立てたのです。これにより、力学という新たな科学分野が生まれました。また、ニュートンは光学現象に関する持論をさらに発展させ、自ら望遠鏡を組み立てるようになりました。他にも微積分法や二項定理といった重要な数学的手法を発明しています。

　1668年になると、ニュートンはトリニティ・カレッジのフェローになり、良き師アイザック・バローの後任としてケンブリッジ大学の二代目ルーカス教授職に就きました。ルーカス教授職とは、数学に関連する分野の教授職のひとつです。（ニュートンの300年以上後にはスティーヴン・ホーキングが就任しています。）当時ニュートンは27歳で、史上最年少で就任しています。30歳になる頃には、王立協会のフェローにもなりました。

　ニュートンが科学に多大なる功績をもたらすこととなる着想を最初に得たのは働き始めた頃でしたが、それらのアイディアはまだほんの種子のようなものでした。ニュートンが

発見した万有引力の法則は、ひときわ独創的な概念で、宇宙に働く偉大な力のひとつを説明しました。その力によって惑星は軌道を描いて周回し、恒星や銀河系はそれぞれの運動をするのです。万有引力の発見は、ある奇跡的な瞬間に思い付いたものではありません。ほぼ20年がかりで発展させ、特に数学や錬金術、自室で行った数限りない科学実験、自作の望遠鏡で幾度となく行った惑星や彗星の観察など、さまざまな事柄から影響を受けた結果生まれたものなのです。この理論はニュートンが『プリンキピア』(自然哲学の数学的諸原理)を書くことによってはじめて完成に至りました。ニュートンはこの本を1684年に書き始め、1687年に出版しています。『プリンキピア』は、今日、おそらく史上もっとも影響力のある科学書と見なされています。

　万有引力の法則を見出すにあたり、最初に受けた大きな影響は数学でした。ニュートンは弱冠24歳にして、すでに時代の最先端を行く大変優れた数学者でした。また、自然哲学者としても幅広い知識を有し、教授になるずっと前から当時存在していた科学の書物をもれなく理解していました。ペス

トが大流行した1665年には、ジョン・ウォリス、ロバート・ボイル、ルネ・デカルトといった主要な数学者らが行った全ての研究を詳細に学び、ニュートン自身も独自の功績を残しました。例えば、フランスのデカルトが書いた『方法序説』(1637年) で説明されているデカルト座標 (x軸、y軸、z軸上の点をグラフに表したもの) の概念を取り入れ、ガリレオによる加速についての考えを数学的に解釈してみせました。また、自ら編み出した微積分法によって、いかに実用的な問題を解くことができるのかも説明しました。

同じ頃、ニュートンは二項定理と呼ばれる代数の手法を一般化しています。これにより、数学者は二項の和の乗数 (任意の数値 x と y を足して n 乗したもの) を計算することができるようになりました。一般化される以前の定理 (2乗や3乗のように n が小さい場合) は紀元前3世紀にインドの数学者ピンガラが記述していたと考えられていますが、ニュートンは n がどんな値でも成立する一般定理を生み出した最初の人物でした。

ニュートンは、数学の才能を活かして惑星が運行し続ける

ためには引力が関わっているということを理解し始めます。そして、例えば惑星など、ふたつの物体の距離と引力の関係を数学的に関連づけたのでした。彼は、この関係を「逆自乗の法則」と呼びました。この発見は大変素晴らしいものでしたが、当時、ニュートン自身にも、他の誰にも、引力の働きを本当に理解することはできませんでした。

　万有引力の法則を導く上で、ニュートンは錬金術とオカルト文化からも影響を受けています。ある物体が、触れてもいない別の物体の運動に影響を及ぼすという考えは、17世紀の人々には想像すらできないことでした。このような働きは、今でこそ当たり前のように「遠隔作用」と呼ばれていますが、ニュートンがいた時代は魔術のようなオカルト的性質の類いと考えられていました。けれどもニュートンは錬金術の実験を行っていたおかげで、同時代の多くの人々よりも開けた心で引力の研究に取り組むことができたのです。

　ニュートンは個人の利益のために、あるいは金を作る目的で錬金術の研究に興味を持っていたわけではありませんでした。ニュートンは、どこかに宇宙を支配する基本法則がある

ニュートン (1642-1727) 小伝

はずだと考え、それを見つけることを唯一の目的としていました。彼は神の「御言葉(みことば)」と神の「創造物」を信じる清教徒でした。神の「御言葉」すなわち聖書の教えに専念し、神の「創造物」すなわちこの世界について知るべきこと全てを調査して生命の謎を解き明かすのが自分の使命だと信じていました。

　ニュートンが生きていた時代、錬金術を行うことは犯罪であり死刑に処せられるものでした。そればかりか、錬金術を試したというわずかな形跡があるだけでも、学術的名声を落とすことになりかねませんでした。ニュートンはどうだったかというと、実際のところ、正当な科学研究よりもはるかに多くの時間を錬金術の研究に費やしていました。1727年に亡くなった時には、ニュートンがかつてないほど膨大なオカルト文献のコレクションを所有していたことが明らかになりました。自身でもオカルトを題材に100万語以上の記述を残し、旧約聖書と預言者についても少なくともさらに100万語をかけて分析していました。

　ニュートンは1669年に錬金術の調査を始めています。ロンドンまで足を運んでは錬金術師たちから禁書を買い求め、

科学界の権威や宿敵たちの好奇の目から逃れて密かに実験を行っていたのです。初期に行っていた実験はいたって基本的なものでしたが、錬金術についてすっかり読み尽くしてしまうと、瞬く間に先人たちの誰よりも錬金術を先に推し進めたのでした。これまでの錬金術師たちとは違い、ニュートンは理論的かつ正確に実験に取り組み、発見したことを詳細に書き記しました。

　ニュートンが錬金術における大発見をしたのは、るつぼ〔実験において物質を高温で融解・焙焼する時に使う湯飲み状の容器〕のなかを観察している時のことでした。物質が、何かの力の影響を受けて振る舞っていることに気付いたのです。ある粒子は物理的な接触や目に見える繋がりがなくても互いに引き寄せられていて、そうかと思えば、別の粒子は互いに反発しているように見えました。つまり、ニュートンは錬金術で使うるつぼのなかに遠隔作用を観察したのです。そうして、これも引力の働きと同じなのではないか、るつぼや錬金術師の火といった小宇宙のなかで起きていることは惑星と太陽の世界という大宇宙でも起こり得るのではないか、ということに気付き始めた

のでした。

　ニュートンは他にもオカルト的な影響を受けていました。1670年代中頃の30代前半から1727年に没する日まで、ニュートンは宗教に心を奪われ、何年も比較神学を研究していました。そして、西暦紀元前の文明人であるヘルメス哲学者らが豊富に持っていた神秘的な知識を近代の哲学者が解釈すれば、宇宙のもっとも基本的なメカニズムを説明するための手がかりが得られるだろうと信じていました。ニュートンは、長年、聖書の根拠となった原典を学ぶとともに、ヘルメス文化によって影響を受けた初期魔術師たちの研究をしたのでした。

　ニュートンは同輩から「ユーモアのセンスがない」と言われるような気むずかしい人でした。一説によると、ルーカス教授を務めていた頃のニュートンに教わった学生は、18ヶ月間でたった一度しかニュートンが笑うのを見なかったそうです。「ユークリッドの数学を使って、いったい何ができるのですか」と質問した時のことでした。ニュートンは口数が少なく、ひとりでいるのが好きでした。1661年にケンブリッ

ジ大学に入学すると、学究的な生活を送ります。隠居者のように部屋にこもり、大学の活動にもろくに参加しないで必要な時にしか研究室を離れませんでした。そんな暮らしが大学を去る1696年まで続きました。

　ニュートンと20年以上ものあいだ同じ部屋で暮らしたのは、入学してすぐに知り合ったジョン・ウィキンズという神学者でした。ウィキンズはニュートンの書記係のような役割をしていたようでした。少なくとも出会って最初の頃はそうでした。けれども歴史研究家や伝記作家にとってウィキンズはもどかしいほど謎に包まれています。彼はおそらくニュートンをもっともよく知る人物であるはずなのに、ふたりで過ごした年月のことやふたりの関係を示す記録をほとんど何も残していないからです。1683年、ウィキンズはモンマス付近にある村の牧師として任命を受け、ケンブリッジ大学を去りました。それ以来、ふたりが言葉を交わすことが一度もなかったことから、何か辛辣（しんらつ）な言い争いでもしたのではないかと考えられています。ふたりの関係が壊れ、ウィキンズが突然去って行くことになった理由は謎に包まれたままです。

ニュートンは同輩との衝突をたびたび繰り返し、「友人」と呼べるような人はほとんどいませんでした。ニュートンと知り合って、その驚くべき才能を高く評価する人は大勢いても、彼のことをよく理解している人はひとりもいませんでした。ニュートンは秘密主義な上に短気で、当時もっとも重要な科学者のひとりとして、自らの地位を用心深く守っていました。

　王立協会の特別会員になるとすぐ、ニュートンは同協会の実験監督であるロバート・フック (1635-1703) と対立しました。また、同時代の偉大な数学者にもうひとり「ドイツのニュートン」とも称されたゴットフリート・ライプニッツ（1646-1716）がおり、ライプニッツとはさらに激しくて長きにわたる争いをしています。ふたりとも別々に微積分法を生み出したのですが、ニュートンは年下のライプニッツが自分のアイディアを盗んだと信じて疑いませんでした。ただ、微積分を数学的に記述するという意味においては、ニュートンの方法はライプニッツのものよりもやや煩雑で、使いやすいとは言いがたいものでした。事実、ニュートンには理解し

やすくて使いやすい方法を考案しようという気持ちがさらさらなかったことが分かる証拠もあります。未熟だと見なした数学者を「半人前」と呼び、「このテーマは難解だから理解しようとするだけ無駄だ」と言うのでした。わざと自分にしか分からないようにしたのかもしれません。

　1693年、ニュートンは神経衰弱にかかったと考えられています。というのも、たびたび同僚宛てに変な手紙を書いたり、知人に妙なことを言ったりしたからです。症状は一時的で原因ははっきりと分かっていません。錬金術の実験で多量の水銀を体内に取り込んだからではないか、あるいは精神的にも肉体的にも追い詰められて極度な疲労に見舞われただけではないか、などとも言われています。

　また別の可能性として考えられるのは、ニュートンが1693年頃に錬金術の探究における限界を知ってしまったことが挙げられます。錬金術の探究をすることは、万有引力の法則を説明する上で極めて役に立ちました。ところがニュートンは万有引力の法則と対になるような、原子スケールで働く力を説明する新たな理論も発見したいと切望していました。

大宇宙の重要な仕組みのひとつは万有引力の法則を使って説明することができました。けれども、小宇宙の仕組みを解き明かすために必要だと信じていた賢者の石はどうやっても手に入れられないということに気付いてしまったのかもしれません。

　神経を衰弱させてまもなく、ニュートンは一切の実験科学から手を引きました。そしてケンブリッジ大学を去ってロンドン塔にある造幣局の監督官となり、やがて長官を務めるまでになりました。ここでニュートンの人生の新たな幕が開きます。秘密主義者であることに変わりはありませんが、上流社会志向のようなものが芽生え、王室をはじめ国の有力者たちに取り入ろうとするようになったのです。彼は抜け目なく、時には金融取引によって運良く大きな富を得ました。そして18世紀初期の権力層のなかで、もっとも尊敬され、もっとも力のある人物のひとりになりました。1705年にはアン女王からナイトの称号も与えられています。

　造幣局では、それが誰であろうと国家の金を盗もうとする犯罪者に対して情け容赦をしませんでした。ニュートンは恐

ろしいほどの執拗さで「クリッパー」(金貨や銀貨の縁を削り取る者たち)を死刑に追い込みました。造幣局長官を務めていた頃は、職務でないにも関わらず、クリッパーの絞首刑執行に欠かさず立ち会ったと言われています。

　ニュートンは、ケンブリッジ大学を去ったあとも多くの人から専門的な科学的意見を求められました。また、1703年から1727年に亡くなるまでの23年間あまり、王立協会の会長を務めもしました。それでもニュートンが再び錬金術や実験をすることはありませんでした。晩年は、時間を振り分けて造幣局での行政職務、王立協会会長としての役割、そして目まぐるしいロンドン上流社会への積極的な参加をこなしていました。ジョナサン・スウィフトやクリストファー・レン、エドモンド・ハレーといった多くの重要な人物たちとも友好関係を築きました。

　アイザック・ニュートンは、イングランドで8人の王が交代するのを見てきました。清教徒革命を乗り越え、1688年の名誉革命の証人となり、その後ケンブリッジ大学の代表として短期間ながら下院議員を務めました。遺体は国葬に付さ

れ、ウェストミンスター寺院に葬られました。精巧な墓碑には、ラテン語で次のような意味の言葉が刻まれています。

> アイザック・ニュートンここに眠る。ナイトにして、神のような精神力と独自の数学理論により惑星の進路と運行、彗星の軌道、潮の満ち引き、各種光線の違い、そしてこれまでのいかなる学者も考えが及ばなかったこと、すなわち分解した色の特徴を探究した。自然や古代の遺物、聖書の探究において熱心、聡明、かつ忠実であった彼は、自身の哲学をもって全能なる神の威光を証明し、独自の方法で福音が単純明快であることを示した。これほど偉大で人類に光彩を添えた者が存在したことが、どれほど喜ばしいことか！ 1642年12月25日誕生。1727年3月20日逝去。

墓の上には大理石で作られた巨大なニュートンの彫像があり、その足下で智天使たちが遊んでいます。ニュートンは『神性』『年表』『光学』『プリンキピア』という題名の付いた

4冊の書物にゆったりともたれているのですが、そこに『錬金術』の書物がないことがかえって目立っています。

―――

　アイザック・ニュートンは偉業を成し遂げましたが、誰もが皆高く評価したわけではありませんでした。19世紀初頭のロマン主義世代の人たちはニュートンを嫌っていました。彼らはニュートンが残したものは野暮であるとし、どういうわけか、ニュートンが提供した知識は自然を理解する人間の神秘性と威厳を台無しにしたと信じていました。ウィリアム・ブレイクとバイロン男爵は特に反ニュートン派の見解を示していました。

　それでも、アイザック・ニュートンによる人類進歩への貢献を過大評価し過ぎることはありません。アインシュタイン曰く「彼の聡明で幅広いアイディアが、自然哲学分野における近代の概念構造全ての基盤として、比類ない重要性を持つことは永久に変わらないだろう。」しかし、それだけではありません。ニュートンの功績はまさに現代技術の礎を築いたのです。彼が行った研究は啓蒙主義を、さらには産業革命を

実体化しました。ニュートンが運動の三法則を発見していなければ、技術時代の幕開けは大幅に遅れ、私たちの生活は著しく違っていたことでしょう。

　アインシュタインはニュートンのアイディアを一部改良しましたが、アインシュタインが発見した特殊相対性理論や一般相対性理論が必要になるのは、例えば物体が光速に近い速度で移動する時などのように、極端な状況下に限られています。日常的な目的であれば、たいていのことはニュートンが17世紀に作った法則で事足ります。ニュートンの理論は今もなお私たちの生活レベルにおいて有効なのです。宇宙工学技術者らが宇宙船を月や、さらに遠くの宇宙まで誘導する際に使う数学も、完全にニュートンの学説に基づいていると思うと感慨深いものがあります。

ニュートンとコーヒータイム

いよいよインタビューを始めましょう……

ここから、アイザック・ニュートンとの
架空の対談が始まります。
14のテーマについて、
突っ込んだ質問にも率直に答えてもらいます。

ゴシック体で書かれた文字は質問、
明朝体の文字はニュートンの回答です。

幼少期の心の傷
THE WOUNDS OF CHILDHOOD

　ニュートンは父親の顔を知りません。母親のハナはニュートンが3歳の時に再婚しました。義父のバーナバス・スミス牧師は、なぜかハナがこれ以上ニュートンと関わることを望みませんでした。そのためハナは近隣の村に引っ越さなければならず、ニュートンは老齢の祖父母のもとで育てられることになりました。ハナは時々息子に会いに来ました。けれども、母親と引き離されたという経験がニュートンの心に傷を残し、その後の性格形成に影響を及ぼしたことはほぼ間違いありません。

―― おはようございます、アイザックさん。インタビューに応じて下さり誠にありがとうございます。アイザックさんの人生はあまりにもいろいろなことがありすぎて、いったい何から質問すればよいのか分からないくらいです。そうですね、ではこんな質問から始めてみましょう。同年代の人たちに対して、どうしてあんなに戦闘的だったのですか？

君の言う「戦闘的」という言葉だが、大いに結構ではないか。私は確かに戦闘的だし、それを欠点だとは思っていない。

―― 欠点だなんて、そのようなつもりで言ったのではありません、アイザックさん。ただ、戦闘的と言われるゆえんを知りたくて。もし、立ち入った質問をして不快な思いをさせてしまったら申し訳ないのですが、お母様が再婚された時にあなたが心に深い傷を負ったことはよく知られています。そのことが性格形成に大きな影響を与えたとお考えですか。

うむ、確かに立ち入った質問ではあるな。その辺りのことは

なかなか話しにくいが、かといって隠すこともないだろう。いずれにせよ、私の生涯は詳しく記録されているのだし、君が言うように母が私を祖父母のもとに預けて育てさせたのも事実だ。祖父母はとても優しくて愛情を持って接してくれた。そのうえ母とも時々は会えたのだから、母を責めたことは一度もない。母は再婚をして当然のことをしたまで。母と同じ立場で、夫の言うことに従わない女性がどこにいる？　だが義父のバーナバス・スミス牧師は違う。ああ、私は彼を恨んでいた。

――　では、幼少期の心の傷があなたの性格に影響を与えたとお考えですか？　結婚もされていませんし。家庭生活を思い描いたことはなかったのですか？

正直言って一度もなかった。頭のなかは他のことでいっぱいだったから、結婚して家庭を築こうなどと考える余裕はなかったように思う。姪のキャサリンはうんと可愛がってやったがね。あの子が結婚して家庭を持つまでのあいだ、ロンド

ンで一緒に暮らしたこともあった。それとウールスソープには、私がとても好意を抱いていたキャサリン・ストアラーという女の子がいたが、ふたりの関係は発展しなかった。私はケンブリッジに行ってすぐに学問と身を固めたというわけだ。

—— そのことで、後悔したことは？

ない。たとえ過去を変えられるチャンスがあったとしても、変えたいことは何もない。知識を深めることで、私はつねに満たされていた。それに私は神のお召しに従ってきたまでで、私自身に物事を選択する自由があったとは思っていない。

—— その後、お母様とはよい関係を築けたのですよね？

スミス牧師は1653年に死んだ。私が11歳の時だった。母は牧師とのあいだに3人の子どもがいて、その子らを連れてウールスソープの家に帰って来た。母は私たちが離ればなれになったところからやり直せると期待していたのだろうが、

私にとってそれは至難の業だった。まあ、しばらくしてからは異父弟妹を可愛く思えるようになったし、母とも新しい絆ができたがね。ただ母は私が学問に興味を持つことに対してまったく理解を示さなかった。母は私にウールスソープの農園管理を任せたいと考えていて、教育に価値を見出せない人だったのだ。そのせいで互いに悪い感情が生まれ、私は反抗期に入った。母は学校を辞めろ、農園を手伝えとしつこく言ってくる。私はというと、農夫に金を与えて自分の雑用をやらせておいて、そのあいだ仕事をさぼって読書をしていた。

―― その後、大学にいるあいだは家族といい関係を保っていましたか？

ある程度は。折に触れてウールスソープの家には帰っていた。1665年にペストが大流行した時は実家で数ヶ月を過ごした。リンカンシャー州は病が蔓延していた都市部から離れていたから、ちょっとした安全地帯だった。1679年の5月には、死の床に就いている母を数週間看病したこともあった。母は

地元の医者にいんちきな薬を処方されていたので、私が別の治療を施したのだが、母はその年の6月に亡くなった。最後のほうは夜更けまで母と話をした。家のなかで、ふたりきり。わだかまりはすっかり解けて、私たちの関係は修復された。

ひらめき
INSPIRATIONS

　アイザック・ニュートンはガリレオが亡くなった年に生まれました。そのため、多くの科学史研究家から「ニュートンはガリレオの生まれ変わりだ」と考えられています。確かにニュートンやガリレオのように並外れた頭脳の持ち主は、歴史上の異なる時代に出現して私たち人間の理解を著しく進歩させましたが、彼らは皆先人たちの知恵からひらめきやヒントを得ていました。ニュートンにしても例外ではありません。アルキメデスとアリストテレス、それにコペルニクスやケプラー、ガリレオらによって研究された哲学的推論──その豊かな遺産の上に、ニュートンは独自のモデルを構築したのです。

―― それでは、アイザックさんの研究についてうかがっていきましょう。ケンブリッジ大学に入学した頃の科学知識とはどのようなものでしたか？

それは非常に答えにくい質問だが、簡単に言えばこうだ。ガリレオが地球は宇宙の中心にあるのではなく、他の惑星と同じように太陽の周りを回っているということを示した。ケプラーはそういった惑星の軌道が楕円であることを示した。当時、観察可能だったのは六つの惑星と木星の衛星で、月面にクレーターがあることも分かっていた。ガリレオが発見したことの多くは、2000年にもわたり人々が信じ込んでいたアリストテレスの学説を否定した。ガリレオは落下物にはそれらを特定の速度で地球に引き寄せる力が作用していることも示したが、彼をもってしてもこの現象を説明する法則を見つけることはできなかった。そこに生まれてきたのが私だった。発見の機は熟していて、幾人かの卓越した先人たちによってすでに舞台は整えられていた。私は、幸運に恵まれたのだよ。

―― ああ、ちょうどそこのところをうかがおうと思っていました。アイザックさんにもっとも影響を与えた哲学者は誰だったのですか？

偉大な人物はこれまで大勢いて、それぞれが各時代で貢献してきた。人間の知識というものは終わりなき道のようなものだ。ひとりの卓越した人物がいくらか道を作ると、また別の卓越した人物がその道の続きを作るというように。各人が作った道の長さはまちまちだ。

―― そうだとしても、いちばん影響を受けた偉人を挙げるとしたら誰になりますか？

どうしてもこの質問に答えねばならんというのであればアルキメデスになる。純粋数学と自然哲学において、人間が成し遂げた業績の頂点を極めたといういことで。だが近代でもっとも優れた人物の名を挙げるならガリレオ・ガリレイだろう。

―― なぜ、アルキメデスなのですか？

アルキメデスは他に類のない才能の持ち主だ。アリストテレスやその偉大な功績と呼ばれるものについては大きく取り沙汰されている。だが、アルキメデスはあらゆる点でアリストテレスを凌駕（りょうが）している。アルキメデスは宇宙の仕組みについて、やすやすと理解する力を生まれながらに持っていたし、なにより重要なことに、彼はこの宇宙の仕組みを純粋数学という形で解釈することができたのだ。アルキメデスは神と人類を繋ぐ架け橋のようだった。例えば物体を水に浸すとタンクの水位が上がる。こういったことを観察して、数学的な法則を生み出せるのだ。彼が「取り尽くし法」と呼んだ微積分の方式を発見したのは、私が生まれる2000年くらいも前のことで、しかも彼はそれをさまざまな問題に応用していた。私はそれよりもはるかに用途の広い方式を考案して、その概念を現代数学の言語に書き換えたと主張することもできる。だが、アルキメデスはなんと言っても微積分というものが可能であるということを初めて思い付いたのだ。そして円周率

の正確な近似値も計算した。大きな整数の平方根の正確な値の算出法や大きな数を表す独自の方法も作った。彼の名はおそらく、「アルキメデスの法則」と呼ばれるようになった法則でもっともよく知られているだろう。流体に浸せば、どんな物体の重量も算出できるという理論だ。

── アルキメデスとご自身を重ね合わせることはありますか？

実のところ、自分は他の誰とも違うと考えるのが私のスタンスで──他の誰かと自分を重ね合わせるという概念はまったく理解しかねる。だが、私がアルキメデスと似ているところがあると思うかを君が知りたいというのであれば、明らかな類似点はふたつある。ひとつは、アルキメデスは多才で、理論を深く理解するだけに留まらず、実際の用途を考える男でもあったことだ。偉大な数学者にして、重い物を持ち上げる機械の発明や精度の高い天秤の作製もしたし、彼が発明した兵器のおかげでシラクサの戦い〔ギリシャの要塞都市シラクサとローマ

軍の戦争。紀元前214-212年〕に打ち勝ったとまで言われている。私も同じように理論上だけでなく、実践的な研究をする能力を持ち合わせている。もうひとつの類似点は、アルキメデスがたびたび純粋な知識という自分の世界に没頭したこと。彼は母国に攻め入ってきた兵士の手によって殺されたと言われている。どうやら、考えに浸っていたらしい。砂の上に幾何学図形を描いていたところだった。その兵士はアルキメデスに「動くな」と言ったが、アルキメデスは男の声が聞こえなかった、あるいは男を無視しようとした。私もまるで夢を見ているような状態に入り込むことがある。外の世界がぼやけて見えなくなり、自分が研究していることだけに集中するのだ。

—— では、ガリレオは？

うむ、ガリレオについてなにより我々の印象に残るのは、やはりローマの異端審問による裁判だ。私がカトリック教会を嫌い、教皇をキリストの敵だと考えていることは君も知っているだろう。だが、それだけじゃない。経験哲学者として、

ローマ教皇庁がどれだけ邪魔をしたかと思うと腹が立つ。ガリレオの一連の研究を客観的に見れば、彼が時代のはるか先を行っていて、この世界に多大なる貢献をしたことは明白だ。

――例えば、どういう？

君、本当に知らないのかね？　うむ、第一にガリレオは「実験科学の父」と呼ばれ、科学的手法を最初に確立した人だ。科学者にとって重要なのは自分の目で観察し、数学モデルを構築して記述すること。そして最初に観察した現象とよく似たさまざまなケースにも応用できる一般的な法則を作ることだと提唱した。そうだな、例えば、ガリレオは振り子が振れる速度は振れ幅と関係ないことを解明し、振り子のおもりの重量は振り子の速度にまったく影響しないが、往復にかかる時間は紐の長さに大きく左右されるということを発見した。そこから、あらゆる条件下における振り子の動きを表す数式を作り出している。おまけにガリレオは偉大な博学者でもあった。当時にしては優れた望遠鏡を作って月や惑星の研究

を行い、「地球は太陽の周りを回っているのであって、太陽が地球の周りを回っているのではない」とするコペルニクスの主張が正しいことを明確に示した。また、物体が高い所から低い所に落下する時の加速の仕方を説明したり、砲丸がいかに放物線状の軌道を描いて飛ぶのかを証明したりした。要するに、彼はアリストテレスの古い学説の多くを覆したのだ。

── そう、ちょうどアリストテレスについてもう少し詳しくおうかがいしようと思っていたところです。アイザックさんは先ほどアルキメデスはアリストテレスを凌駕しているとおっしゃいましたが、後世の人々はアルキメデスよりもアリストテレスの功績を大いに讃えたという事実をほのめかしていましたよね。

ああ、そのとおりだと私は思う。アリストテレスは科学の、あるいは自然哲学の父として尊敬されている。彼のアイディアは2000年にわたりまぎれもない真実として教えられてきたが、ほぼ全てにおいて間違っていた。例えば彼は全ての物

体は火、土、空気、水という四つの基本的な元素から作られていると信じていたが、これはあまりにも単純化しすぎというものだ。それに、物体が空気中を移動するのは、物体が前に進む時にその物体と置き換わった空気が後方に流れて、その物体を前に押し進めているからだなどと考えていたのだ。また、私たちが物を見ることができるのは、目から発射された粒子が物体に跳ね返って目に戻ってくるからだとも信じていた。彼は一度だって実験をしたことがなかった。ただ理論を使ってアイディアを推論しただけで。彼が物事について深く考えたということは否定できない。だが、彼の結論はほぼ全て間違っていた。もし仮定したことを自ら実験していれば、自分のやり方の誤りを知ることができただろうに。アルキメデスはこの致命的なミスを回避した。純粋な数学的推論と実験の両方を行う能力を備えていたからだ。

手ほどき
INITIATION

　ニュートンの教育資金はハンフリー・バビントンが匿名で援助していました。バビントンは教養のある紳士でした。ケンブリッジ大学のトリニティ・カレッジの教官でもあり、十代の若者たちの面倒をみていました。ニュートンはバビントンからの後ろ盾を受けていたとはつゆ知らず、学費は母親が所有する農園からまかなわれているものと思い込んでいました。大学に入ると、ニュートンは家の手伝いなどの雑事から解放されて、当時もっとも高い知識を有する人々から影響を受けるようになりました。彼らは自らの経験を教えるだけでなく、科学や哲学における新しい思想をニュートンに紹介してくれたのでした。

—— ケンブリッジ大学に来た当初はあまり感動しなかったそうですが、本当ですか？

まったくそのとおりだ。まずは「準免費生(サブサイザー)」としてトリニティ・カレッジに仮入学し、ひと月経って正式な入学許可が下りると「免費生(サイザー)」になった。準免費生と免費生は大学内でもっとも貧乏な学生で、扱いは召使いも同然。私はフェローのひとりに仕えて、差し込み便器を空にしたり食事を運んだりと世話をしなければならなかった。一方、学生の大半は裕福な家庭の育ちだが怠け者の役立たず。能なしで、大学にいるのも父親に「行け」と言われたからだけの話で。

—— でも、最終的には大学で知的好奇心が満たされたのですよね？

いかにも。非常に重要な大学関係者ふたりのおかげで、早いうちに入学を許可してもらえたのは幸いだった。17歳の時の私はグランサムの学校に通うために町の薬剤師の家に下宿

していたのだが、その家には亡くなった兄弟のジョセフ・クラーク博士から受け継いだ立派な蔵書があった。それで私はケンブリッジ大学に進学する前から、歴史上の偉大な哲学者について一通りの知識を身に付けていたのだ――アリストテレス、プラトン、それに過去数世紀に存在した大勢のオカルト信仰者、神秘論主義者、錬金術師など。他にも、ジョルダーノ・ブルーノやコペルニクス、そしてなにより偉大なるガリレオといった男たちによる異端的な研究にも触れた。それらは当時まだローマ教皇の『禁書目録』に載っていた類いの本だった。だが私が若い頃にもっとも大きな影響を受けたのは、トリニティ・カレッジで私を指導してくれたアイザック・バロー教授だ。彼は私の前にルーカス教授職に就いていて、オカルト文学の書物を数多く所有し、自然哲学における研究の一部を自ら実践していた。それに、当時もっとも重要な哲学者や科学者を大勢知っていた。1660年代初期には、王立協会の設立にも関わった。彼は「いかなる形態の知識も禁じられるべきではなく、神の計画はあらゆる学びを通して発見することができる」という考えを私に教えてくれた。私の初期

教育において非常に重要だったもうひとりの人物は、ハンフリー・バビントンというトリニティ・カレッジの教官だ。彼はグランサム出身で薬剤師のクラーク氏の親類。アイザック・バローとハンフリー・バビントンは友人で、どちらも私の恩人だ。彼らは、神秘的かつ知性的な世界に関する素晴らしい基礎知識を私に与えてくれたのだ。

── バビントンさんやバローさんはいわゆる「魅惑的な知識」と呼ばれるようなものに興味を持っていらっしゃいましたか？　錬金術にまつわる言い伝えといったものとか？

バローは大変優秀な数学者で、深い知識の持ち主だった。非常に信心深い男でもあって、実際、のちにチャールズ2世の宮廷付き牧師になった。彼は決して君が言っているような錬金術を実践したことはなかったが、彼の書斎に風変わりな題名の本が何冊かあったのは確かだ。バビントンはもっと神秘主義に首を突っ込んでいたようだがね。ふたりとも、多くの権力者たちによって「危険である」と見なされるような錬金

術師の書物を読んだり集めたりすることを恐れていなかった。

―― と言いますと？

どちらの蔵書にもコペルニクスの急進的な解説を含む書物が含まれていた。少なくとも1冊は異端判決を受けたジョルダーノ・ブルーノが書いたもので、あと他に1冊か2冊、古代エジプト人のオカルト的な知識に関する記録があった。

―― そういうバビントンさんやバローさんの影響を受けて、アイザックさんは謎めいたテーマを研究し、のちに錬金術の実験を始めるようになったのですか？

彼らから影響を受けたかと言われれば、ああ、そうだ。どちらも社会が反正統派だとか伝統的な理論に反するなどと言って禁じようとしていたテーマについて公に語ることはなかったが。そして、どちらも聖職に就いた。聖職に就くことはフェローになるための条件だったからだ。だが、ふたりとも

間違いなく知的な世界を楽しみ、新しくて、時には因習に囚われない哲学について考えることに対して寛容だった。彼らの影響を受けて、私はさまざまな角度から物事を見たり、できるだけ偏見に囚われないようにしようと考えたりするようになった。

激しい争い
BITTER FEUDS

　ニュートンは自己中心的な性格で、同時代の他のどんな知識人よりも自分が優れていると考えていました。自分は人類でもっとも優秀な頭脳の持ち主として神に選ばれたのだと思い込んでおり、宇宙の仕組みをより明確に理解する上で人々を導く神の代弁者に他ならないと信じていました。人間嫌いで疑り深い性格に加えて、何事においても最初に達成したいという挑戦的な態度のために、同時代の人と度重なる激しい争いを生みました。

―― アイザックさん、あなたは他の科学者や数学者たちと頻繁に論争を巻き起こしたともっぱらの評判ですが。そういった論争には共通する原因があったのですか？ もしあるなら、どんなことなのか聞かせていただけますか？

ああ、もちろん私のキャリアにおける全ての論争には共通の原因があったとも。私は正しくて、間抜けな相手どもが間違っていたのだ！ これ以上、言う必要があるかね？

―― でも、あなたは本当にそれが真実だとお考えですか？ 結局のところ、ロバート・フックさんは偉大な実験者でした。ゴットフリート・ライプニッツさんは世界が誇る数学者でした。それに激しくやりあった王立天文台長のジョン・フラムスティードさんにしても、非常に有能な天文学者でしたよ。

君がそう思っているということだろう？ まあ、それぞれ多少の能力は持ち合わせていただろうよ。だが、結局はそれぞれの論争で、私が正しくて彼らが間違っていることが示され

たではないか。なんなら彼らのことを考えてみようじゃないか。ロバート・フック——ああ名前を言うだけで吐き気がする。彼は有名な実験学者だが、私の研究を完全に誤解していた。彼が王立協会の実験監督を務めていた時に、私は視覚に関する一連の研究報告を提出したのだが——君も知っているだろう——あいつは私の論文をろくに読みもせずに却下したのだ。それからだ、フックに対して反感を抱くようになったのは。争いを始めたのは私ではない。争いを終わらせたのは確かに私だったが。

—— けれどもフックさんはあなたの論文をほとんど読まなかったことに対して謝罪したり、埋め合わせをしようとしたりしなかったのですか？

正式な謝罪はあった。そう、だがそれ以降、彼が私に好意を持つことはなかったし、私は二度と彼を信用しなかった。

—— それ以来、何年も王立協会の会合にほとんど出席しま

せんでしたね。

そのとおり。

―― アイザックさんの有名な発言に「私が何かを達成したとすれば、それは巨人たちの肩の上に立っていたからだ」というのがありますが、これが小柄なフックさんに対する中傷だったという話は本当ですか？

まあ、否定する理由はない。それは間違いなくフック宛ての手紙に私が書いたものだし、皮肉を込めて書いたのも確かだから。彼は下劣なほら吹きだった。独自の研究で、ただのひとかけらも値打ちのあるものを見出したことがなかった。得意げにうんちくを垂れてばかりいるが、実際は何ひとつやらない。万有引力の法則に関する主張がいい例だ。1684年の初め、彼はクリストファー・レンとエドモンド・ハレーという――私と同じ王立協会の仲間なのだが――そのふたりに引力の影響下における物体の振る舞いを説明する法則を考案し

たと言った。レンとハレーは、そのテーマに関して私がすでに書いていたものを見たがったが、フックはふたりに待ったをかけて、まずは自分にチャンスをくれと頼み込んだのだ。しかし2ヶ月経っても、フックは何も提出してこない。さらに長いこと待った挙げ句、レンとハレーはしびれを切らし、ハレーがケンブリッジまで私を訪ねて来た。私はそのテーマについて書いた論文をハレーに見せた。それは、のちに私が書いた『プリンキピア』という専門書になるものだった。結局のところ、フックは引力の法則なんてまるで分かっちゃいなかった。とんだ大ぼら吹きさ。そういうやつを尊敬する気にはなれない。そうしたら、彼は私を攻撃しようとしたのだ。私は、そんな人間を許すことはできない。

―― ゴットフリート・ライプニッツさんについてはどうですか？ アイザックさんとライプニッツさんのあいだには40年に及ぶ確執がありました。あなたはライプニッツさんをとても嫌っていましたよね。彼が亡くなったあともなお手記で彼を中傷し続けたほどに。

これもやはり、否定する理由はない。ライプニッツは泥棒をした。単純な話だ。彼は私から微積分法を盗んで、それをあたかも自分が最初に発見したかのように見せようとしたのだ。

―― それは本当ですか？　もしかしたら、ふたりともそれぞれ独立して同じ法則を考え出したということもあり得るのではないでしょうか。

いや、あり得ない。私が最初に微積分法を考案した。ライプニッツは、1673年にロンドンを訪れた時に私の着想を盗んだのだ。私は微積分法についての原稿を書いて、出版元のジョン・コリンズに預けていた。コリンズは騙されて、あるいはライプニッツと共謀して、その原稿をライプニッツに見せたのだ。

―― その推測は確かなのですか？　ライプニッツさんがあなたの原稿を見たという証拠はどこにもありませんが。

君がどう思おうとかまわない。私自身は、何を信じるべきか分かっている。微積分法は、たったひとりの人間の頭脳からこの世に提示されるはずであり、その人物は私だった。神はこれほど重要なことを複数の人間に伝えるなどというエネルギーの無駄遣いはしない——そんな必要がどこにあるかね？ ないだろう？ ライプニッツは私の微積分法を盗み、そのために地獄へ落ちるのだ。

—— 三つ目の大きな対立がありましたよね？ ジョン・フラムスティードさんとの長きにわたる論争が。そもそもの発端はなんだったのか、話していただけますか？

ああ、いいだろう。1694年に『プリンキピア』の第2巻に取り組んでいた時のことだ。私はフラムスティードに天文の観測記録を見せて欲しいと要求した。言うまでもないが、彼は王立天文台長でありグリニッジ天文台長でもあった。だが、最初はなしのつぶて。ようやく返事をくれたかと思えば、故意にちんけなデータを寄こしたのだ。そのことで私が文句を

言うと、彼は私の邪魔をするようになった。しまいには、女王の夫であるジョージ王に取りなしてもらうように頼まなければならなくなった。残念なことではあったが、非難されるべきは間違いなくあの王立天文台長だ。

信仰の変化
A FAITH APART

　アイザック・ニュートンは非常に信仰深い人でした。正統派の敬虔なプロテスタントとして育てられたからです。けれども20歳を過ぎると、ニュートンはこれまでの信仰を離れてアリウス主義者になりました。アリウス主義の信者は、キリスト教の教義にある三位一体〔キリスト教において「父なる神」「神の子なるイエス」「聖霊なる神」が一体（唯一の神）であるとする教え〕の概念を受け入れず、イエス・キリストは三位一体の一部ではなく、神によって創られた被造物にすぎないと主張しました。17世紀のイングランドでは、アリウス主義はキリスト教に反する異端の分派であると考えられていました。ニュートンは、自身の人生においてたびたびそうしていたように、この信仰についても秘密にしておかなくてはなりませんでした。

—— アリウス主義者になったのはいつですか？ きっかけはなんだったのですか？

私が原始キリスト教会に初めて興味を持ったのは1668年頃だった。とりわけ三位一体の概念に興味を掻き立てられて、聖書だけでなく、教父たちによって書かれたものを詳しく調べたのだ。私は三位一体の関連文書を、4世紀の司教アタナシウスの時代まで遡った。するとアタナシウス以前には、私たちの知る三位一体説が存在しないことがすぐに分かった。それとアタナシウスと同年代でもうひとりアリウスという名の司教がいて、彼は三位一体の三者は同格ではない、あるいはひとつの神格をなさないとする信条を持っていた。神はキリストよりも優位にあると信じていたのだ。西暦325年、教会のリーダーたちは会議を開いた。それ以降、ニカイア公会議として知られるようになったものだ。神学者と聖職者が集まったこの会議では、教会はアリウスではなくアタナシウスの教理を正統派として採用するということ、そしてアリウス派の神学を異端と見なして排斥していくということが決定さ

れた。だから、アタナシウスはアリウスに勝利して三位一体という間違った教義をキリスト教に義務づけた、ただそれだけのことだ。

—— ということは、この一件で原始キリスト教会が行った策略は、実は裏で計画されていたことだとお考えですか？

そのとおりだ。それに、アタナシウス派の教会の長老たちは重要な文にいくつか手を加えて意図的に聖書の文章を変えたのだ。ちょうど、いい例がある。ヨハネの第1の手紙、第5章7節にはこう書かれている。「天においてあかしをするものは父とキリストと聖霊の三つであり、これら三つはひとつである。」このような文言はニカイア公会議以前の聖書にはなかった。明らかに、教会の司教たちはアリウスを受け入れることよりも聖句を台無しにするほうを選んだのだ。

—— では簡単に言うと、あなたは三位一体の概念においてどの立場をとるのですか？

簡単に？　それなら、こうだ。神のみが優位にある。キリストは別の存在で、実体としても本質としても神とは異なる。キリストは真に神ではなく、肉体を持つ「御言葉」とか「知恵」などと呼ばれるものであり——神聖であることは確かだが、神性は神によってキリストに伝えられたにすぎない。

——そのような思想は危険だったのでは？

ああ、いかにも。アリウス主義は4世紀以降ずっと異端と見なされていた。イギリス政府は私が生きているうちに近代的で良識のある法律を導入したのだが、アリウス主義は依然として異教扱い。1689年に議会が寛容法という法律を制定し、全ての宗派に信仰の自由を認めたが、それはカトリックとアリウス主義を除くという例外付きだった。こういった差別は、まぎれもなく私個人にも影響を与えた。

——と言いますと？

私は1665年に学士号を取得する時、英国国教会の30箇条を認証することを命じられた。これには喜んで従った。当時、私はまだアリウス主義の真実を知らなかったからね。2年後に王立協会の特別会員に選出された時も、再び、英国国教会に対する忠誠を誓うことに同意した。それから1669年、私は三度、教会の条件を受け入れた。ただし、この時は、そう遠くない未来に聖職者の位階に就くことも約束しなければならなかった。聖職者になることは、ルーカス教授職に就くための条件だったのだ。

―― ところが、それはあなたにとって受け入れがたいことだった。三位一体について異端的な考えを持っていたのですものね？

いかにも。正直言うが、私には伝統的な三位一体の考えを受け入れて誓いを立てることができなかった。そこで私のキャリアを救ってくれたのはアイザック・バローだった。当時彼はすでに宮廷付き牧師になっていて、うまいことチャールズ

王を説得してくれた。おかげで、ルーカス教授職に就く者は皆、聖職に就くことを免除された。

—— それはバローさんの大手柄でしたね。だって、どうして聖職に就きたくないのか、あなたはその理由を誰にも言うことができなかったでしょうから。

そうなんだ。私はバローにさえ打ち明けることができなかった。彼はあくまで私を手放したくないという思いから、そのような行動に出た。もし彼がうまくやれていなかったら、私はルーカス教授職を辞退して、今とはまったく違う道を歩んでいただろう。

るつぼのなかに見た光
THE LIGHT IN THE CRUCIBLE

　アイザック・ニュートンは偉大な実験科学者であり、その研究は厳密な数学によって導かれました。しかし一方では、非常に豊かな想像力の持ち主でもありました。錬金術や神秘的で不可思議な原理を研究することも、知識を探求する上で必ず役に立つだろうと信じていたのです。ニュートンの知り合いのなかには（特にロバート・ボイルなど）、オカルトに興味を持っている人が何人かいました。けれどもニュートンがいた時代、科学者の多くは自然魔術に深入りすることを恐れるか、もしくは秘伝の知識だとか錬金術を研究するのは時間と労力の無駄だと考えているかのどちらかでした。

―― アイザックさんの生涯や研究に関することで皆さんがよく驚かれるのですが、錬金術や風変わりなこと、オカルトなどにかなり多くの時間を費やしていますよね。いったい、何がきっかけでその方面に？

皆が驚くというそのことについてだが、これは単純に考え方の問題だろう。私の信条として、優れた自然哲学者や科学者たるもの「宇宙の理解を深められる知識源が存在するのであれば、それが何であろうとも目を背けるべきではない」という思いがある。もっと突っ込んで言うなら、神によって創られた宇宙を理解しようとすることは、科学者の「義務」なのだ。私は若い頃にある結論に達した。私たちが生きているこの世界は、神の「御言葉」と神の「創造物」を研究することによってのみ理解できると。それはつまり、聖書と自然を研究するということだが、自然は私たちが容易に観察できるものだけとは限らない――そのような研究ではある程度のところまでしか到達できない。だからさらに深く掘り下げねばならないのだ。もし君たちがオカルトと呼んでいるものが、そ

の理解への道に通じているのであれば、私は躊躇（ちゅうちょ）なくその道を突き進む。でなければ私は腰抜けだ。全身全霊を注いで神に仕えていることにはならないだろう。

―― では振り返ってみて、アイザックさんが注力した錬金術の実験に価値があったと思われますか？

もちろんだ。私は人生で数々の偉業を成し遂げてきたが、いちばん重要なのはおそらく万有引力の法則を解明したことだろう。この法則は私が書いた『プリンキピア』のもっとも肝心なところであり物理学の中核を成すものとなった。私がどのようにこの法則に辿り着いたか、君に分かるかね？　数学的な研究だけではなくて、物事を多角的に学んだおかげなのだよ。長年に及ぶ錬金術の実験から、私はるつぼのなかの小さな粒子のあいだに互いを引き寄せる力や反発させる力を観察することができた。だから、まったく同じでないにしても、似たような力によって惑星は軌道を描いているのではないかと結論付けたのだ。

―― でもやはり、そういった実験を行うには非常に高いリスクを伴ったのでは？

実際、非常に危険だった。それがどれほど危険なことだったか、たいていの人には分からないだろう。錬金術は違法であるだけでなく、死刑にも値するものだった。学界には私の敵が大勢いたが、もし、そのうちのひとりでも私が錬金術師として研究をしているという情報を入手していたら、私は今ここに存在しなかっただろう。

―― けれども、あなたは自分の進む道を信じて、その危険を冒したのですね。

そうするより仕方なかったのだ。分かるかい、私は学生時代の初期から自分が非常に特別な存在であることに気付いていた。私は高い目的を果たすために神によって創られたのだ。このことは、生まれてからずっと分かっていたのも同然。私はこの使命に背くわけにはいかない。それこそ究極の罪とい

うものだ。

── では、具体的にどんなことをしようとしていたのですか？

どんな錬金術師も、目的は賢者の石──つまり、もっとも基本的なレベルで卑金属を金に変える物質──を生成することにある。私は手始めに錬金術の伝統に関する偉大な書物を研究した。ありとあらゆる場所で情報収集をして。1660年代の終わり頃からはロンドンのリトル・ブリテンに行くようになった。そこにはウィリアム・クーパーという、秘密の書物を売る男がいたのだ。店には禁書や異端と呼ばれる本が数多くあって、特定の客にだけ売っていた。その店で私はラザラス・ゼッツナーの『化学劇場』だとかジョージ・リプリーの本、魔術師コルネリウス・アグリッパの翻訳書、イギリスの錬金術師トマス・ヴォーンの本、その他もろもろを手に入れた。これらを何年もかけて学んだところで自分でも簡単な実験を始めた。古代文書で紹介されているとおりに材料を混ぜたり

して。そういった文書のなかでもいちばん重要なのが『エメラルドタブレット』という、文明の幕開けとともに綴られた古代奥義の書だった。

―― それで、どのような実験を試してみたのですか？

基本的に、錬金術は一連の複雑な実験手順を伴うものだ。順を追って説明しよう。まずは3種類の物質を混ぜる。鉱石には、たいてい不純物を含む鉄を使う。もうひとつの金属には、銀のようなもの。そして有機酸には果物や野菜由来のよくあるクエン酸を。これらの材料を場合によっては6ヶ月かけて完全に混ぜ合わせる。混合物はるつぼに入れて注意深く熱し続ける。ただし、これは危険な手順だ。毒性ガスが発生することが多く、水銀中毒になる危険性があるからだ。次は、この混合物を酸に溶かし、蒸留法と呼ばれる方法で混合液を蒸発させて成分を精製する。細心の注意が必要な上に時間がかかる手順だ。1種類の混合液を蒸留するのに1年以上かけたこともあった。私の実験炉は決して火を絶やしてはならな

かったのだが、おかげで1677年には私の部屋で深刻な火災事故が起きたこともあった。さて、頃合いを見て蒸留作業を終わらせたら、温めておいた特殊な容器に留出物を入れてふたをする。物質が冷めると、白い固体ができる。錬金術界では白い石として知られているものだ。

—— それが賢者の石ですか？

いや、残念ながらそうではない。白い石は卑金属を銀に変えることができると言われているが、私はそっちの道には進まなかった。

—— では、賢者の石を作ったことはなかったのですか？

ああ、作ったことはなかった。研究を始めた頃に、火星由来の放射状金属〔火星は錬金術記号で鉄を表した〕を作ることには成功したがね。このアンチモン質の物質は見事な結晶体で、これを手にした錬金術師はほとんどいなかった。これは賢者の石

に至る一歩手前の最終段階だと言われていたが、それ以上はどうすることもできなかった。

── そのことについて、どう思っているのですか？ まだ錬金術の基本的な教義を信じていて、うまくいかなかったのはやり方が間違っていただけだとお考えですか？

そのうち幻滅を感じるようになって──うむ、もう賢者の石が存在するとは信じていない。私が発見できなかったのだから、他の誰にも見つけることはできまい。今は初期の錬金術師たちが思い描いた空想にすぎなかったと思っている。だが、さっき言ったように、実験をしたことで数々の不思議を発見したし、賢者の石を作ろうとあれほど一心不乱に試みていなかったら、万有引力の法則を解明することはできなかっただろう。

── いつだったか耳にしたことがあるのですが、錬金術にはとても個人的な側面があって、錬金術師はそれぞれ違う目

的のために違う方法で研究していると。これは本当ですか？

いかにも。錬金術は一連の実験行程を行うということよりもずっと奥が深い。錬金術師の多くは想像を超える富と権力を求めている。私もやはり権力を求めたが、私の場合はちょっと違った。私が賢者の石を作ろうとしたのは、その石があれば小宇宙の世界の秘密を解明できると信じていたからだった。物質界のもっとも基本的な要素がどのように結合しているのか、そしてそれらの粒子間にどのような力が作用しているのか、そういったことを理解する鍵になると信じていたのだ。

── アイザックさんの人生において個人的に親密な関係を持った数少ないひとりに、若い数学者で神秘主義者のニコラ・ファシオ・ド・デュイリエさんがいました。彼があなたのオカルト的思想に大きな影響を与えたというのは本当ですか？

ファシオは、一時期、親しい友人だった。非常に聡明な若者

で——そう、確かに彼は私の思想に影響を与えた。さっきも言ったが、私は精神的に開けた心を持っていたから、他の人が滅多に足を踏み入れないような道を進むことも恐れなかった。ファシオは非常に知識が豊富で、私が彼に初めて会った時はすでに何年もオカルトに興味を持っていた。彼は、上層階級で社会的立場を失うことを恐れたり、伝統的な道徳的価値観に縛られたりして尻込みするようなことはなかった。私にもたくさんのことを教えてくれた。それに、彼はエネルギーに満ちあふれる青年期まっただ中にいたからね、「もっとも深い問題に対する究極の答えを見つけるためには、より自由な思考を持つべきだ」と薦められた。

—— ファシオさんはいわゆる「黒魔術」と呼ばれるものにあなたを導いたのですか？

それは、いいかね君——私とファシオと神にとっての問題だ。私は神の目的を果たすためなら何でもやると言っただろう？この話は、もう終わりにしよう。

古代の秘密
THE SECRETS OF THE ANCIENTS

　ニュートンは、ケンブリッジを離れる1696年頃までに、錬金術でできることはやり尽くしていました。けれども、オカルトに対する興味は錬金術をはるかに超えていました。彼は占星術を熱心に研究し、数秘術〔宇宙の全てに秘められた数の暗号解読法、および数の法則に基づく占術〕に強く関心を惹かれました。アッシリアやバビロニアの神秘主義者、旧約聖書の代弁者など、古代哲学者たちは皆特殊な英知を有していました。ニュートンは、宇宙の秘密を解明するための研究に、彼らの英知が大変役に立つだろうと信じていました。そして、そういった知識を得るために、古代ギリシャ語とヘブライ語を独学で学び、原典に立ち戻って研究できるようにしたのでした。

―― さて、アイザックさんには錬金術に対する興味、それに宗教に対する異端的な立場について話をうかがってきました。アイザックさんは他にも古代の失われた知識、つまりバビロニア人や古代エジプト人の教えにも興味を持っていましたね。興味を持ったきっかけはなんだったのですか？ いったいどのようなことを学びましたか？

このテーマに興味を惹き付けられたのは、私が正統派の英国国教会主義が掲げる定説に疑問を持ち始めた時だった。三位一体という公式な考えが実は人為的に作られた教義でしかなかったという結論に達した時に、他の説についても疑問を抱くようになったのだ。何が聖書から省かれて、捏造（ねつぞう）されたものはなんなのか。こうしたことを考えて古代宗教について深く研究するようになった。すると、古代ヘブライ族やエジプト人といった古代の賢者たちは、宇宙やその仕組みについて、私の時代の人々よりもずっとよく知っていることが分かったのだ。私はあらゆる知識には価値があり、いかなる分野も闇に葬られてはならないというこだわりを持ちながら、長年に

わたり古代技術について、できる限りのことを学んだ。万有引力を導いたふたつの要素についてはすでに説明した——数学と錬金術だ。しかし、そこには第三の要素があった。それが古代人の英知だ。

—— どういうことですか？

私にとってソロモン王〔イスラエルの王。在位紀元前961-922年頃〕は究極の魔術師だ。私は以前、彼のことを「世界でもっとも偉大な哲学者」と表現し、彼の教えを解明するために膨大な時間を費やした。主に注目したのは旧約聖書のなかのエゼキエル書にあるソロモン神殿に関する記述だった。私はそれらを三つの異なる言語で研究した。神殿はもともと紀元前1000年頃、当時すでにユダヤ人にとって聖地とされていた場所に設立された。別の文明ではピラミッドやストーンヘンジがそうであるように、ソロモン神殿は学問と信仰のもっとも神聖な象徴であり、崇拝される場所だった。私の目的は、神殿の平面図を描くことだった。なぜなら、ソロモン王は神殿の平面

図のなかに、旧約聖書の中核をなす古代人の英知を暗号化したと信じているからだ。そして、ソロモン神殿の平面図をヒントに聖書を解読すれば未来の出来事を予言できるという結論に至った。なぜ平面図が参考になるのかというと、その寸法や構造に、時間的尺度やエゼキエルやダニエルといった偉大な聖書の預言者たちが表明した事柄が隠されているからだ。この平面図と私なりの聖句の解釈を合わせれば、過去と未来、両方の年代記の概要をさらに詳しく書くことができる。現に、私は「キリストの再臨」や「最後の審判」といった出来事の日にちを割り出すことができた。

—— でも、それらのことは科学とどのような関係があるのですか？

今話そうとしていたところだ。ソロモン神殿の構造もやはり引力のイメージを膨らませるのに役立ったのだ。私は古代の神殿について自分のノートに「聖なる地の中心で、贄を捧げるための火が絶えず燃やされていた」と書き記したことがあ

る。この時、私は神殿の中心部を炎に見立て、それを取り囲む信者たちを思い浮かべた。そして、まるで「プリュタネイオン」〔ギリシャの行政機関で都市の中心となった建物。広間の中央には祭壇があり聖火が絶えず灯されていた〕のようだと思って、すぐに気付いたのだ。これは宇宙を象徴しているのだと。神殿の中心にある火と、それを囲むように並ぶ信者たちのイメージ。これが万有引力の概念を形作るもうひとつのきっかけとなったのだ。

―― どういうことでしょう？　いまひとつ、関連性が見えないのですが。

おや、分かりにくいかね？　神殿の中心にある火から光線が外に向かって放たれているところを想像するのは普通の考え。だがそうではなく、火は信者たちを中心に向かって引き寄せている力のようなものだと想像するのだ。これで太陽系と神殿の関係性が分かるだろう？　信者たちは惑星を象徴し、神殿の火――私は「世界の中核をなす火」と呼んだのだが――これは太陽を象徴しているというわけだ。このイメージが、

るつぼのなかで観察したいろいろな力の働き、それに私が考えた数学的法則とあいまって、あらゆる物体のあいだには目に見えない力が働いていて、その力は物体が遠く離れるほど減退するというアイディアを私に与えてくれたのだ。

引力と運動
GRAVITATION AND MOTION

　運動の三法則を説明したニュートンの研究は、引力を記述するための数学的モデルの解明に役立ちました。ニュートンは錬金術、古代宗教、数学を融合して引力の働きを説明する数学的な枠組みを構築することに成功しましたが、引力が働く仕組みについて明らかにすることはできませんでした。しかし、これは驚くことではありません。なぜなら、今日でさえ、物理学者たちは「物体と引力はどうやって互いに作用しているのか？」「引力が作用する媒体はあるのか？」「もし、あるならば、それは何で、どのような特徴があるのか？」といった基本的な質問に答えるための明確な説明ができていないからです。

——『プリンキピア』のなかでいちばん重要な内容のひとつに、アイザックさんによる運動の三法則の記述がありますね。説明していただけますか？

第一法則で述べているのは、等速直線運動をしている全ての物体は外部から力を加えられない限り等速直線運動をし続けるということ。つまり、形ある物は全て「慣性」といって、運動し続ける特徴を持っている。だから、運動を止めたり物体を直線運動から反らしたりするためには何かしらの力を加えなければならない。偉大なるガリレオは、この現象を科学的に説明した最初の人物だった。

—— ガリレオさんは何を発見したのですか？

彼は「慣性」という基本的なアイディアに気付いたのだ。だが、実験に基づいた法則として、力と慣性の関係を定式化することはなかった。

──第二の法則はどのようなものなのですか？

第二法則では、もし君が物体に力を加えたら、その物体は加速するということについてだ。これは物体の速度は加えられた力と同じ方向に変化する──つまり君が押した方向に加速するということでもある。さらに言うと、加速度は加えた力に比例する。例えば、君が物体を押して、物体が加速したとしよう。ここで君が3倍強く物体を押したら、物体も3倍加速するというわけだ。一方、加速度は物体の質量に反比例する。だからもしもふたつの物体を等しい力で押して、物体の片方がもう片方の2倍の質量だったとしたら、重いほうの物体は軽いほうの物体の2分の1しか加速しない。

──思うに、アイザックさんが確立した微積分は、物体の加速度を計算するために使えるのでは？　微積分について簡単に説明していただけますか？

数学を知らない人たちに説明するのは好かんのだが、君が知

りたいと言うのならいいだろう。微積分学というのは「微分学」と「積分学」というふたつの分野を合わせた言い方で、どちらも代数公式を用いる計算法を扱う。ここに、物体の——例えば、ガリレオがピサの斜塔のてっぺんから自由落下させた砲丸の速度を表す式があるとしよう。この砲丸の加速度は、微分と呼ばれる式を使った数学的手法によって求めることが可能だ。同様に、もし物体の加速度を表す式があれば、任意の瞬間の砲丸の速度を求めることができる。微分とは反対の、積分と呼ばれるもうひとつの手法を使うことでね。積分の演算をして、それを微分すると、また元に戻る——微分と積分は表裏一体なのだ。

—— 運動の第二法則がもっとも重要だというのは本当ですか？

うむ、私にとっては全部そろってひとつだ。しかし、第二法則がいちばん重要で実用的な用途に使われるのはそうかもしれない。第二法則は、力と運動の数学的関係を直接説明す

るものだから、この数学を使えば、エンジニアはより高品質で高機能の機械を作ったり、力が運動に変化する具合を理解したりすることができる。これぞ、あらゆる工学技術の神髄だ。

—— まさに、そうですね。では第三法則というのは？

全ての作用において、大きさが同じで逆向きの力が働くというものだ。これはいちばん目に見えやすい。例えば、川岸でボートから下りる時にまさに起きる現象だ。私たちが岸に上がる時、ボートは私たちとは反対向きに動くだろう？

—— 錬金術やオカルト文化についてたっぷりとお話をうかがってきましたが、アイザックさんが出版された科学書には、それらのことをほのめかすことすらできませんでした。いったいどうやって神秘的なアイディアを、簡潔かつ包括的な万有引力の法則に結び付けることができたのですか？

ソロモン神殿とプリュタネイオンの概念はつねに私の頭のなかにあった。そして慣性により、月は何かしらの力の作用を受けない限り永遠に直線運動をするだろうということも分かっていた。それなら、月は地球に向かって引っ張られているはずだ。ちょうど信者たちが火の周りに引き寄せられるのと同じようにね。そして、そこには完璧なバランスがなくてはならない——引力と慣性が相殺して月が地球を周回するような。いい例えがある。石に紐を結び付けて頭の上でぐるぐる回すところをイメージするのだ。当然ながら、石は落ちてきて頭に当たることもないし、どこかへ飛んでいってしまうこともない。そして紐が長ければ長いほど、石が頭の上をグルッと1周するのに時間がかかる。私はこの概念に心を捉えられて、すぐさま、作用している力を数値化するための法則を編み出す作業に取りかかったのだ。

—— どのように？

実験と計算を相当長い時間かけて。そしてついに結論が出た。

ある物体がもうひとつの物体を周回し続ける時、物体間の距離と引力は数学的な関係にきっちり当てはまったのだ。

── 逆自乗の法則のことですか？

そのとおり。この法則を使えば、引力は距離とともに減少するということを非常に正確に表すことができた。逆自乗の法則というのは簡単な数学的関係で、つまりはふたつの物体間に働く引力は物体間の距離の逆自乗に比例するということを示すものだ。では、AとBというふたつの惑星があるとしよう。惑星Aはある特定の距離を保ちながら太陽の周りを回っている。質量が同じ別の惑星Bは、惑星Aよりも2倍離れた場所で太陽を周回している。この時惑星Bの引力は惑星Aの引力の4分の1となる。では、同じ質量の別の惑星Cが、惑星Aの3倍遠いところで周回していたらどうだろう。惑星Cの引力は惑星Aの引力の9分の1になる。

　先立つ研究はひとつだけあった。月は地球の周りを回っていて、もちろん月の大きさも変わらないし、地球の大きさも

変わらない。そして、月と地球の距離もおよそ同じままであり、月の軌道はほぼ円と言える。さて、ここで私は月が地球の周りを1周するまでにかかる時間を正確に把握することができた。この時間周期もやはり変わらない。私は慣性と拮抗して月を周回させ続ける力を「引力」と呼んだ。この力は、月が地球の周りを回るのに必要な時間を決定する。この時間が分かれば、逆自乗の法則を使って地球の月に対する引力を計算することができる。

―― それって、物体がふたつしかなくて、他のどんな物体からも影響を受けないところでなら、うまくいきますよね。でも、太陽系の惑星はどれも互いに影響を及ぼしているのでは？

ああ、そうだ。ある程度はね。太陽の周りを回っている惑星Aの例について考えてみよう。仮に、ふたつ目の惑星Bが惑星Aからうんと離れていて、惑星Aよりはるかに太陽から遠いところにあるとしよう。すると、惑星Bは太陽を周

回している惑星Aの軌道にいくらか影響を及ぼすが、その影響の度合いは距離とともに大きく減少する。この現象は「軌道摂動」として知られており、太陽を周回する惑星Aの軌道を相当厳密に記述するには、惑星Bによって及ぼされる影響を加味しなければならない。この難題は三体問題と呼ばれており、数学的に解決する方法は知られていない。言うまでもないが、惑星Aと太陽の周辺にさらに多くの惑星があったら、この問題はいっそう複雑さを極め、完璧に記述することは不可能となる。

―― では、アイザックさんが万有引力を発明した経緯をおさらいしましょう。まず、さまざまな影響を受けて慣性を打ち消す力があるという概念を導いた。それから、その力が逆自乗の法則に完全に当てはまることを示した。次は、この力がどのように働くのかを説明するはずだったのですよね？

ああ、そうするつもりだった。だが、いくら研究しても引力の働きを理解するには到底及ばなかった。引力は何を媒体と

ニュートンとコーヒータイム

して作用するのか？　そもそも特定の距離を置いたふたつの物体が互いに作用するのはどうしてか？　結局出した結論は、惑星をそれぞれの軌道上で運動させ続ける力は、るつぼのなかにある物質の粒子を引き寄せたり反発させたりする力と関係があるということだった。他にも自然界において、特定の金属同士を近付けると引っ付く力があること、紙の切れ端が毛皮で擦った琥珀に引き寄せられる力があることも知っていた。私はこれらの実験をやってみて、さまざまな力が作用するのを自分の目で見たのだ。月が太陽の周りを回るのを見たように。

── ということは、アイザックさんは自然界には実はたったひとつの力しか存在しないとお考えですか？

いや、そういうことを言っているのではない。私は力にはいくつかの種類があるが、それらの力は皆相互に関係し、そして共通の媒体を通じて作用していると考えている。

―― その自然界の媒体について何か結論に達しましたか？

ああ、達したとも。引力は普遍的な力であるということに気付いた。何もない空間でさまざまな力が作用するためには何かしら潜在的な方法があるはずで、そういった力はイエス・キリストの魂を通して作用すると私は信じている。神はひと̇り̇で̇あ̇り̇、̇三つではない。神は宇宙の外に存在するのではなく、宇宙の一部であり、統一者なのだ。だがいったいどうやって神は惑星を運行させたり粒子を動かしたりしているのか？　神は引力やそういった類いの謎の力を使っている。だが、どうやって？　私はこれを長いこと考えていた。私は神に「どうぞ教えて下さい」と懇願した。そして、ある時突然、天来の霊感が私に降りてきたのだ。神はこれらの力の媒体として、キリストの肉体と性質と魂を使っているのだ。神の子は肉体を与えられたものの不死身であり、純粋な魂であり、いかなる形態にもなり得る。宇宙の原子を導くことができる。惑星を軌道に乗せ、太陽を灼熱の炎で燃やすことだってできるかもしれない。もちろん、この仮説を出版することはでき

なかったが、これが私の何にも勝る解釈なのだ。

—— とても急進的な思想ですし、それを証明することはできないのではないですか？

多くの人は急進的だと捉えるだろう。君の言うとおり、証明することもできない。だが、そうはいっても、この件に関して自分の仮説を証明できる物理学者はどこにいるかね？　いつの日か、よりよい説明がなされた時は、もちろん、相当の注意を払うつもりだ。さしあたり、自分の仮説で満足している。

光の性質について
ON THE NATURE OF LIGHT

　ニュートンは研究初期に光の性質に関する調査も行っており、実験や研究に役立つ実用的な道具を作りました。見事な反射望遠鏡もそのひとつです。そして運動や引力を支配する力を説明した時と同じように、光の本質と振る舞いについても数学を用いて正確に記述しました。ニュートンはこの研究から一連の普遍的な法則を発見し、1704年に出版された自身2冊目の傑作『光学』のなかで詳細に説明しています。

―― 光の研究に初めて興味を持ったのはいつですか？

私が最初に興味を持ったのは、薬剤師のクラーク氏が所有していた本で、光の性質に関するデカルトの理論を読んだ時だった。デカルトは、光は「エーテル」という目に見えない媒体を通じて伝達される「圧力」であり、我々がものを見ることができるのも、この圧力が視神経に影響を及ぼすためであると信じていた。また、色は回転する球体からなる光の束によって生じるとも考えていた。もちろん、最初に本を読んだ時は、これらの仮説が真実かどうかなど皆目見当がつかなかった。デカルトは偉大な哲学者だったが、実験をほとんどしていなかったから、光の性質と光の伝達方法に関する彼の理論が実験から導かれたとは思えなかった。だから私としては、それらの仮説が実験によって立証されるとは到底考えられなかった。

―― では、1660年代から1670年代にかけて、どのような光の理論が一般的でしたか？　デカルトさんの考えは受け入れ

られていたのですか？

当時は少なくともふたつの異なる理論があった。実験者のなかには、光は波のようなものだと信じている人がいた。例えばバイオリンの弦やピンに張った紐をはじいた時に生じる振動のような。また、光は何かしらの方法で空中を移動する粒子や束のようなものから作られていると考える人もいた。私は前者の見解をより支持していたが、それが正しいということは証明できなかった。

—— まあ、もっともですよね。21世紀初期の現代でもまだ、科学者たちはこの質問に対する明確な答えを得られていないのですから。では、アイザックさんがご自身で光の実験を始められたのはいつでしたか？

光の実験は、まさに私が最初に行った研究だった ——ケンブリッジに移ってすぐ。プリズムを手に入れたのは1664年、ケンブリッジからほど近いスタウアブリッジでカウンティー

フェアが開かれていた時だった。不老不死の薬や珍奇な品物を売っている売店があって、私はそこで数ペニーのプリズムを買ったのだ。そして、すぐにプリズムを使った実験を開始した。古代人は、プリズムで赤から青までの光のスペクトルを作れると理解していた。だが私はすぐに気付いたのだ。普通の光は白い色であり、プリズムによってその構成要素に分解できると説明するのがいちばんではないかとね。さらに、その理由だが、プリズムは普通の光を屈折させる時に、青い光を赤い光よりも大きく曲げるからだと考えた。そうやって光のスペクトルは作られているのだと。

—— アイザックさんはそれを証明できたのですか？

できた。プリズムで分解した光を1枚の紙で遮り、ただ1色だけを通過させたところ、赤い光はもっとも屈折率が低く、紫色の光はもっとも屈折率が高いことを発見した。これはのちに「決定実験」として知られるようになったものだ。

―― でも、それでおしまいにしなかったのですよね？

ああ、私は別の実験を行った。プリズムで光を分解して出てきた光をレンズに通して壁に焦点を当ててみた。すると、そこには白い光が現れたのだ。さらに、もうひとつ似たような実験をした。今度はレンズの先に歯車を置いてね。この歯車を使うことで、レンズを通った光が壁に焦点を結ぶ前に1色だけ光を遮ることができる。そして光を1色遮ると、白い光ではなく色の付いた光が作られることを発見したのだ。焦点の光の色は、レンズから出てくるスペクトルのうち、どの色を遮ったかによって違った。

―― 最初の頃に行ったいくつかの実験で危険な目に遭ったというのは本当ですか？

今となっては、いささか向こう見ずだったと思う。太陽の強い光によって生じる色の付いた輪について理解しようとした時などは、長いこと太陽を直視して、もう少しで盲目になる

ところだった。数日間まともにものを見ることができなくなったよ。だが、もっとも危険な行為は、眼球を湾曲させたら物体の見え方にどのような影響が生じるかを見るための実験だろう。私は細い金属棒を自分の眼球の後ろ眼窩底骨(がんか)のあいだに差し込んでぐるぐる動かしたのだ。これにより眼球の形が変わって、結果、奇妙な色の付いた輪をいくつか見た。

―― でも、その時は、発見したことを発表しませんでしたよね？

ああ、もちろん発表しなかった。私は学士を取ったか取らないかくらいの若い学生だった。観察した結果はノートに書き留めておいて、何年もかけて詳細に記していったのだ。その記録は私が書いた『光学』の基本的な枠組みとなった。オランダの科学者クリスティアーン・ホイヘンスは、初期の私のアイディアをいくつか詳述しているが、これらのアイディアは『光学』が出版される何年も前に私が協会を通じて公表していた簡単な論文のなかに書かれているものだった。彼自身

が書いた『光についての論考』には、その10年前に私が行っていた代表的な研究の多くが含まれていた。

―― 名声を確立するまで出版を控えようとしたアイザックさんの気持ちは分かります。でも、1670年代になる頃にはもう科学者として尊敬を集めていたのに、どうしてさらに30年も待ってから『光学』を出版したのですか？

私は1670年代にあらかた本を書き終えていたのだが、それを協会に提出することができなかった。私は協会を信じていなかった。特にフックを。だから自分の研究を王立協会が正当に評価してくれる時期が来るのを待っていたのだ――結局それはフックが墓に入ってからとなった。今思えば、屁理屈をこねているあいだに、出版が30年近く遅れてしまったことを後悔している。だが、私に罪はない。

優れた望遠鏡
MAKING A QUALITY TELESCOPE

　ニュートンはケンブリッジに来た当初から天文学に打ち込みましたが、入手可能な望遠鏡の質の悪さに苛立ちを覚えました。しかし、ニュートンの性格上、改善できると分かっていながら手持ちのもので甘んじることはありません。1660年代後半からレンズを作って既存の反射望遠鏡に改良を加えるようになりました。ただ、そのような改良品では大した改善が見込めないということをすぐに悟ります。そして質の高い光学機器や実用的な反射望遠鏡を自ら作り始めたのでした。

―― 天文学に興味を持ち始めたのはいつでしたか？

またしても、クラーク氏の家の蔵書がきっかけだった。そこには『星界の報告』といって、ガリレオが1609年に望遠鏡を完成させた直後に書いた本があった。ガリレオはクレーターや山々、峡谷、渓谷に至る月の美しいスケッチを詳細に描いていた。望遠鏡を木星に向けて、木星の衛星も発見した。この本はその書斎で読んだどの本よりも私を奮い立たせ、自分が実験するイメージを膨らませてくれたのだ。

―― ところが、市販の望遠鏡は性能が悪くてショックを受けたのですね。

ああ、ショックだったとも。ガリレオは倍率30倍か40倍の、当時にしては最高級の器具を作ったが、視野は狭いし、天文学者の言う「色収差」がひどかった。色収差というのは、レンズの欠点から生じるもので、波長の異なる光線が同じ位置で焦点を結べないために像が歪んでしまう現象だ。そこで私

はまったく違うアプローチをとることにした。ガリレオの望遠鏡はどれも、望遠鏡を最初に作ったとされるオランダのハンス・リッペルハイの設計を基にしていた。「屈折望遠鏡」と呼ばれるものだ。このタイプの望遠鏡は筒の両端に1枚ずつレンズを使って像を拡大する。一方、別のタイプの望遠鏡で「反射望遠鏡」と呼ばれるものは、レンズ1枚と鏡を使って像を作る。ガリレオの時代にはすでに提案されていて、ジェームズ・グレゴリーという数学者が実際に組み立ててはいたが、作られた像はほとんど使い物にならなかった。

── グレゴリーさんがうまくできなかったものを、アイザックさんが成功させたのですね。全ての部品をご自身で作られたというのは本当ですか？

そうとも、私は実用的な反射望遠鏡の作製に成功した。そして、望遠鏡の部品を全て自作したというのも本当だ。ロンドンの職人たちに頼んで完璧な鏡と見事に磨き上げたレンズを手に入れようとしたのだが、彼らにはできなかった。やむな

く私は自分自身でレンズを磨いて、筒や土台を作ったというわけだ。自分で言うのもなんだが、結果的に素晴らしいものができた。反射望遠鏡は屈折望遠鏡よりもずっと小型に作ることができる。屈折望遠鏡では筒のなかに2枚のレンズを離して配置しないといけないからだ。私の望遠鏡は全長わずか15センチちょっとで、小さな土台に据え付けられた。この望遠鏡で倍率40倍の鮮明な像を得ることができたのだよ。

—— これがきっかけで、ケンブリッジ学内を超えて科学界にデビューしたというわけですね？

そうだ。アイザック・バローは私の望遠鏡をたいそう気に入り、1671年には王立協会の集会で披露する算段を整えてくれた。天文学者のジョン・フラムスティードは非常に感心していたし、クリストファー・レンや王立協会事務局長のヘンリー・オルデンバーグも同じだった。彼らはチャールズ2世に私の望遠鏡を披露する機会まで作ってくれた。王はとても興奮しているようだった。数週間のうちに、私は王立協会の

特別会員に招待されたよ。

新たなスタート
A FRESH START

1690年代はニュートンの人生にとって大きな転換期となりました。1661年にケンブリッジに来てからというもの、ニュートンは世間から離れて研究に没頭し、トリニティ・カレッジの外の世界と関わることは滅多にありませんでした。1687年に名著『プリンキピア』が出版されると、ニュートンは世界でもっとも重要な科学者として尊敬されるようになり、生活も劇的に変化していきます。1693年には精神を病んだと考えられており、実践的な科学実験からも遠ざかるようになりました。1696年にはロンドンに引っ越し、そこで造幣局の監督という行政職に就きました。

―― 1690年代の途中で、科学への興味を失い始めたのですか？

いや、それはまったく違う。科学への興味を失ったことは一度もない。

―― けれども1696年にケンブリッジ大学を離れてロンドンへ行ってからは、科学らしいことはほとんどしてないですよね。

だが、『光学』はケンブリッジを離れてから8年後に出版したし、王立協会の会長も務めていた。違うかい？　科学に飽きたのではない――私にとって科学は果てしない神秘、そして永遠に感動を与えてくれるものだ。本当のことを言おう。1690年代初期から、実験に対する興味は薄れた。

―― それは、行き詰まりを感じたからですか？

そうだと思う、うむ。純粋な科学実験も錬金術の研究も、自分にできる限りのことをし尽くした。壁にぶち当たった、と言ってもいい。『光学』の内容は1660年代から1690年代に完成させた研究が基になっている。私は科学に対する興味を持ちながら、王立協会を通じて科学の発展を導いたのだよ。王立協会では23年間にわたり会長として意欲的かつ精力的に働いた。だがケンブリッジを離れたのは自分の気持ちの表れでもあった。私はでき得る限りの実験と研究をし尽くしてしまい、何かまったく違うことをしたくなったのだ。

—— かなり、しんどかったのではないですか？　事実、この頃、一時的に精神を病んだと言われていますよね。当時のことについて、話を聞かせていただけますか？

ああ、そういった噂は私の耳にも入っている。だが事の真相は、他の誰でもなくこの私が知っている。その私でさえ曖昧な記憶しかないが。おそらく、作られた部分も多いのではないだろうか。確かに、私は同僚に奇妙な手紙を何通か書いた

し、ケンブリッジまで私を訪ねに来た何人かは、私がいつも以上に打ち解けない精神状態だったとも言っているが。

―― いつ頃の話ですか？

1693年。

―― それって、アイザックさんがニコラ・ファシオ・ド・デュイリエとの関係を絶ち、錬金術の研究を止めてまもない頃でもありますね。これらのことには何か関係があるのですか？

最初のほうでも話したように、私にとって知識とは包括的なものなのだ。学びを区切ったりしない。だから、錬金術、ヘルメス文化、古代宗教、科学は全て繋がっている。私はこれらを研究することで、最大の謎に対する答えを模索し続けていた。1690年代になる頃には、すでに30年くらいそういった研究をしていて、私は、なんと言うか、すっかり疲れてしまった。人々は、1693年に私の雰囲気が変わったことに

ついて、実験室で有毒ガスをたくさん吸いすぎたからだとか、水銀中毒ではないかなどと説明しようとした。あるいは、精神を病んだのはオカルトに没頭しすぎた結果だとしたがる人もいた。残念ながら、本当のところは、そんなにドラマチックではなくて、ただ単に、入手可能なありとあらゆる資料にあたって精も根も尽き果ててしまったのだ。新たなスタートが必要だった。

—— それが、ロンドン造幣局の職に就くことだったと？

そうだ。冒険というか、挑戦してみるのも面白いかなと思ったのだ。私は首都ロンドンに引っ越して長官になった。組織というものには常々興味を持っていたのだが、それは科学者としての私の強みを活かせると考えていたからだ。発見したことや方法を明確に記録するといったことは、優秀な長官に求められる資質でもある。また、私は造幣局のような重要な機関の長となり、金融界の中心になることに期待で胸を膨らませもした。

―― 確かに、そのポジションは科学者に相応しいですよね。長官の仕事には化学知識が思わぬところで役に立つような技術的側面がありますから。

まったくだ。私は当初、造幣局の監督官に指名されたが、1700年に造幣局長官になった。私はこの仕事になにより関心があった。というのも、できる限り効率のよい貨幣の鋳造方法を考えるという科学知識が求められたからだ。実際、私は造幣局で貨幣金属の製造における合理化に成功している。

―― アイザックさんは、金貨や銀貨を削って売る「クリッパー」に対して容赦なかったと聞いていますが?

クリッパーは強盗や空き巣と同じように、よくいる盗人だ。だが、クリッパーの罪は強盗や空き巣以上に重い。なぜなら、彼らは国に対して罪を犯しているのであり、その行為は国の体制維持を脅かすものだからだ。彼らは反逆者なのだ。そして、君から尋ねられる前に言うが、私がクリッパーの絞首刑

に必ず立ち会ったのも事実だ。たとえ、それが私の職務でなくてもだ。私はそのことを誇りに思っている。容疑者があがれば、執拗なまでに追い詰めて逮捕した。私の知る限り、私の手から逃れた者はひとりもいない。

── アイザックさんが追跡して、実際に国家への反逆のかどで裁判にかけた悪党がいましたよね？

ウィリアム・チャロナーのことだろう。彼のことを情熱的な男だと言う人もいた。言うなれば反体制に挑んだ英雄だと。だが、彼はまぎれもない反逆者であり、反逆者として当然の結末を迎えたのだ。

── アイザックさんは、彼はあくまで反逆者として罪を負うべきだと言い張り、いくら慈悲を懇願されても聞く耳を持たなかった。

そのとおりだ。彼の裁判は私が造幣局で働き始めて1年が過

ぎた頃に行われた。私は規範を示したかった。チャロナーはそこらのこそ泥とはわけが違う。鍛冶屋で、とんでもない贋金造り犯だったのだ。彼は究極の刑罰を受けた。タイバーン刑場の処刑台までソリでのろのろと運ばれ、首を吊られ、ほぼ意識を失ったところで内臓をえぐり出されて八つ裂きにされた。

── アイザックさんの行為は必要以上に残忍で、非人道的とも言えるのではないでしょうか？

微塵もそう は思わない。実際、この質問自体がおかしいと私は思う。同時代の誰だって、まったく同じことをしただろう。犯罪者が、自らが犯した罪から逃れることは許されないし、法律に逆らう者は見せしめにされなければならない。

ロンドンでの生活
LONDON LIFE

　ニュートンには、世捨て人のような性格と立身出世をねらう野心家のような性格が奇妙に入り交じっていました。幼少期はグランサムという、当時は活気のない比較的小さな町で過ごしました。そのため大都市に対する興味が芽生えたのですが、それと同時に、私生活を頑なに隠そうとするようにもなります。内向的でありながら、一方では大学という世界の外でも認められたいという気持ちがあり、権力層から注目を集めたいという強い思いもありました。造幣局での職は、そんな願いを叶える格好の場だったので、ニュートンは諸手を挙げて与えられた機会を掴み取りました。また、美しい姪がニュートンと一緒にロンドンの家に住んでいたことが社交上有利に働きました。

―― ケンブリッジを離れたあと、ロンドンでの新しい生活にはすぐに慣れましたか？

どちらとも言えないな。ケンブリッジで過ごしながらも最後の10年は首都ロンドンで過ごす時間が次第に増えていた。1680年代の終わりにかけてはケンブリッジ大学の代表として下院議員を務めたが、その頃はイギリスの歴史のなかでも非常に波乱に富んだ時期だった。オレンジ公ウィリアムが無血革命とも呼ばれた名誉革命で君主の位に就いたのが1688年。私は仮国会と呼ばれた下院議員の仲間たちとともに、この革命に関与していた。だがロンドンを頻繁に訪れていたのは1660年代も初期の頃に遡る。ケンブリッジのザ・ローズ・パブリック・ハウスから駅馬車に乗り、ロンドン中心部を走るグレイズ・イン・ロードのザ・スワン・タバーンまでよく旅したものだ。長くて大変な道のりだったがね。私が持っている本の大半は、リトル・ブリテンと呼ばれる地域で購入したもので、薬品や錬金術に使う器具などもそこで見つけた。ロンドンでは他にも望遠鏡を自作する時に必要な道具や光学

機器も購入した。数週間滞在する時も時々あった。それでも、ロンドンに引っ越してから生活環境の変化に慣れるには少し時間がかかった。ケンブリッジの住まいはとても居心地が良く、実験室も使い勝手が良かったものだから——実験に没頭した数十年のあいだに実験室も見事に変貌(へんぼう)を遂げたのだ。だが、ケンブリッジはちっぽけな町で、大学にしても非常に閉ざされていた。他の教官たちとの関わりは希薄だったし、大学に関わる社会的な活動の一切を避けていたと言ってもいい。

—— でもロンドンでは、社交界の有名人として生活を送られたのですよね?

少しずつそのような立場になっていったのは、そうだ。自分が社交界の有名人だとは思っていないが、ジェルマインストリートという洒落た通りに住んでいて、家に人を招いたり、たくさんの知り合いや仕事上の付き合いが増えたりしたのは確かだ。それにもちろん、自分の仕事として部下の管理や上司との関わりなんかもあった。1703年からは、さらに、王

立協会の会長を務めるという責任も負った。そんなこんなで何かと多忙だったから、仕事の内容も大学時代に楽しんでいたような、純粋に頭を使う活動とはガラリと変わった。

―― 1696年、姪のキャサリン・バートンさんがロンドンの家に引っ越してきました。これもまたアイザックさんの生活において大きな変化だったのではないですか？

ああ、もちろんだ。だが、あれはお互いにとって非常によい選択だった。キャサリンはチャーミングで頭の切れる娘。私たちは仲良く暮らせた。キャサリンの母親は私の異父妹ハナで、私の母がバーナバス・スミス牧師との二度目の結婚でできた子どもだった。ハナは突然夫のロバート・バートンと死に別れて貧窮していて、キャサリンが17歳になった時に、彼女をロンドンの社交界に紹介しようと家族が決めたのだ。私は大きな家を所有していたし、喜んで彼女を迎え入れた。

―― 彼女はとても美人だそうですね。

確かに。それに、彼女が私にとって大きな強みとなったことも否定しない。大勢の大物たちがキャサリンに夢中になった。フランスの官僚ピエール・レモン・ド・モンモールなんかは結婚していたが、我が家で開かれた晩餐会で彼女に会うなり恋に落ちた。

—— ジョナサン・スウィフトさんも求婚したと言われていますが？

いや、スウィフトが求婚したことはない。だが、彼はキャサリンを可愛がった。ふたりは近しい友人だった。

—— 第一大蔵卿(きょう)を務めウィリアム３世とも近しかったハリファックス伯爵チャールズ・モンタギューさんはどうでしたか？

ああ、チャールズはキャサリンに首ったけだった。彼は大変尊敬できる男だったから、私はふたりの関係が花開くことを

望んでいた。チャールズはキャサリンよりもかなり年上だが、ふたりはお似合いだったのだ。彼は男やもめで、イギリスでもっとも裕福な男のひとり。申し分のない人脈も持っていた。1715年に若くして亡くなってしまったのは残念なことだったよ。

―― どのみちふたりは結婚できなかったのですよね？

できなかった。できるはずもなかった。キャサリンは私の姪で、チャールズと私はよい友人だった。だが、所詮、彼女は下級貴族出身の田舎娘でしかなかったのだ。ただ、モンタギューはキャサリンを愛していた。このことに関しては疑いの余地はない。彼は遺言で、彼女に5,000ポンドを遺し、彼女をブッシー公園の地所とロンドン郊外サリーにある屋敷の後見人にした。

―― そして数年後、キャサリンさんはご結婚されました。

ああ、ジョン・コンドゥイットという立派な男と結婚した。学者で、のちに下院議員にもなった裕福な家庭の紳士だ。私が造幣局を退いた時には、私の代わりに長官を務めてくれた。

王立協会

THE ROYAL SOCIETY

　教授になったばかりのニュートンは、王立協会と確固とした関係にありませんでした。その主たる要因は、実験監督のロバート・フックをはじめ重要会員の何人かと激しく衝突していたからです。この対立が確執を生み、ニュートンは長年協会と距離をおくようになりました。やがてニュートンが王立協会の会長になったのは、1703年の3月、フックが亡くなった数ヶ月後のことでした。ニュートンは敵対していたフックの肖像画を全て取り外して焼却処分しました。その後は王立協会にとって必要不可欠な人物となり、協会の地位と威信の向上に尽力しました。

―― アイザックさん、王立協会との関わりは、あなたの人生やキャリアにとって大きな意味があったと思いますか？

そう思う。当初はフックのせいで協会からのけ者扱いされていたがね。さっき言ったように、彼は何かと私の名誉を傷つけようとした。我慢できなくなって、もう少しで協会を辞めるところまで来ていた。だがいろいろ考慮した上で、私はケンブリッジで自分の殻にこもることにした。フックは腐ったリンゴでも、王立協会には私が尊敬する立派な人が大勢いる。クリストファー・レンはずば抜けた知性の持ち主で性格がいい。それにエドモンド・ハレーも奇才の持ち主だと思っている。ふたりはいつも私を歓迎してくれたし、私が1703年に協会の会長を務めることになった時も彼らは手を貸してくれた。

―― アイザックさんがいた頃の王立協会の役割とはどんなものでしたか？　王立協会の存在は科学の進歩にとって重要でしたか？

ニュートンとコーヒータイム　123

ああ、もちろんだとも。王立協会は非常に重要な団体だ。かつては厳粛であったものの、知識人が集まるだけの、あまり意味を成さない会合をしていた。それが、今では世界でもっとも影響力があり評判の高い学術団体にまで向上した。そのために自分が重要な役割を果たしたと自負している。当初、王立協会はヘンリー・オルデンバーグ、ロバート・ボイル、セス・ウォードによって設立された非公式なクラブでしかなかった。1672年の初め、私が特別会員になるよう招待された時でさえ、協会にはわずか数十人の会員しかいなかった。長年にわたり、王立協会の存続はつねに危ういものだった。存続に適した活動拠点は見つからず、財源は嘆かわしいもので、解散寸前の状態。ヘンリー・オルデンバーグは協会のなかでも優れた役員のひとりだったし、よりよい運営に向けて懸命に舵取りをしてくれていた。だが、協会が本当に救われたのは私が会長になってからだったと言わざるを得ない。

—— 大きな改正を求められたのですね。

ああ、そうだ。まずは、協会の拠点を見つけることを優先して1710年に実行した。ロンドンのクレイン・コートに素晴らしい不動産を購入したのだ。

――科学のほうはどうでしたか？　王立協会がどのように科学の発展に影響を与えたのか、ご説明いただけますか？

私が重きを置いたのは、協会がきちんと運営されるようにすること。なぜなら、科学を前進させる役割を担う以上、これが必要不可欠だと確信していたからだ。そしてもちろん、科学の発展こそ、協会が存在する真の理由なのだ。王立協会はこれをさまざまな方法で促進している。まず、協会はその時代の偉大な人物たちが集まれる場所を提供する――純粋な科学者のみならず、科学に興味を抱いているサミュエル・ピープスやレンのような博学な人物も集まった。単純なことだが、会って話をしたり講義をしたりすることが重要なのだ。次に、協会はさまざまな実験に対し資金を提供するなどの援助を行った。そういった実験の多くは注目されなかったが、な

かには全会員が立ち会って実演されたものもあった。最後に、王立協会によって資金援助された出版物がある。『フィロソフィカル・トランザクションズ』という学術論文誌は最古の科学誌のひとつで、その価値は計り知れない。どんなに高く評価してもしすぎることはない。あらゆる科学系出版業の枠組みを作り、研究者のための独自システムを提供した。それまで、自分の研究について論文を書いたものが出版され、そのことに関して他の人たちが研究したりコメントしたりできるような場所はほとんどなかった。学術誌は、知識向上のための健全で発展的な公開討論の場を作り出したのだ。ただし、『トランザクションズ』だけが王立協会が提供したコミュニケーションの場ではなかった。協会は他にも重要な本の出版を数多く資金援助した。私の著書『プリンキピア』と『光学』もそうだった。

── それにロバート・フックさんの『顕微鏡図譜』もそうでしたね。

ああ、それもだ。

素晴らしき遺産
A REMARKABLE LEGACY

　アイザック・ニュートンの研究はまさに革命的で、彼の死後60年ほど経ったイギリスで始まった変革運動の火付け役となりました。この運動はやがて世界に広まり産業革命となります。これは文明の歴史におけるパラダイムシフトでした。それまで農業や小規模手工業に寄せられていた人類の関心が、工業や機械化、技術へと向けられるようになりました。実験に基づいたニュートンの研究や理論により、たいていは机上の空論でしかなかった科学が、何かの役に立ち、私たちに利益をもたらす学問へと変貌していったのです。

──「善良な人物」として人々の記憶に残りたいと願う人もいれば、「世の中を変えた人物」として名を残したいと願う人もいます。両方に当てはまるという人はあまりいないようですが、アイザックさんはどんな人物として名を残したいですか?

私は人に恥じない人生を送ったと自信を持って言える。良心に忠実であり、神に忠実だった。もっとも崇高な大義に尽くし、いくつかの功績を成し遂げた。だが、どちらかと言えば「変化をもたらした人物」のほうがいいと思う。キリスト教徒としての人生を歩んだかどうかは自分自身が分かっていることだし、神さまもご存知のとおりだ。そのことを他人がどう思おうがかまわんよ。

── もっとも偉大な功績をひとつ挙げるとしたら何ですか?

私がしてきた研究の側面をひとつひとつ区別するのは難しい。

私にとっては、全てひとつなのだ。幼い頃からの道のりはずっと繋がっている。最初は先人たちに学び、次に模倣を試み、やがて彼らを追い越したというように。光学の研究と比較して、引力や運動している物体の振る舞いに関する発見のほうが価値が高いとか低いとか、そんなことは言えない。実用的な微積分法を発見したことは、望遠鏡を作ったことよりも重要だろうか？　劣るだろうか？　そのようなことは言えないのだ。おそらく、人々はほんの些細なことで私のことを思い出すだろうよ。人間というものはそういうものだ。

── どうも、アイザックさんは実験科学者としての評判を保ちたがっているように思えるのですが。お答え頂いた発言のなかで、錬金術や古代宗教や神秘主義の本質に関する研究について言及していないですよね

そういったことに関しては生涯秘密にする必要があったから、固く口を閉ざす癖が染みついているのだろう。私はもっとも親しい友人と私の──信奉者とでも言おうか──の何人かに

指示した。私が行った錬金術に関する研究の大部分を破棄し、私が秘術に関与していたことを口外しないようにとね。たとえ私が死んだあともだ。私は人生をかけて知識探求のために研究を行った。そして、そのやり方について恥じるようなことは断じてしていない。だが、人の執念深さも知っている。私を誹謗中傷する多くの人は、異端的なテーマに対する私の興味をネタにして私の遺産を傷つけることをなにより喜ぶだろうということも知っているのだ。

―― どうやら、誰にとっても最高となる功績というのは次世代に繋がる利益をもたらすこと、次世代の人々もまた歴史に名を残して讃えられるようになることではないでしょうか。人類の利益のために、誰かがアイザックさんを手本にするとか、あなたの発見を利用するといったことを想像できますか？

今では、是非ともそうなって欲しいと思っている。だが、ずっとそう願っていたわけではない。若い頃は自分のために

知識を求めていた。おそらく、今より横柄だった。年を重ねるにつれ、自分が研究で名を残し、自分の功績によって大勢の人類が発展することがより重要だと思えるようになった。きっとそうなると信じている。

—— 私も同感です、アイザックさん。では、最後の質問になります。くだらないと思われるかもしれませんが、アイザックさんに聞きたいと思っていたことがあります。例のリンゴの話は本当ですか？

ああ、なぜその質問を聞いてこないのだろうと不思議に思っていたよ。リンゴの話は本当かって？　うむ、君をがっかりさせて申し訳ないが……それはご想像に任せよう。

参考資料

ウェブサイト
アイザック・ニュートンに関する情報を探すなら、まずはここから始めるとよいでしょう。Isaac Newton Institute for Mathematical Sciences（アイザック・ニュートン数理科学研究所）http://www.newton.cam.ac.uk/newton.html

アイザック・ニュートンに関する本
Richard Westfall, *Never At Rest: A Biography of Isaac Newton* (Cambridge: Cambridge University Press, 1980; New York: Barnes & Noble, 1983)

Michael White, *Isaac Newton: The Last Sorcerer* (London: 4th Estate, 1997; New York: Helix Books, 1999)

科学史に関する本
Daniel J. Boorstin, *The Discoverers* (London: Phoenix Press, Orion, 1983; New York: Random House, 1983)〔ダニエル・J・ブアスティン著、鈴木主税、野中邦子訳『大発見——未知に挑んだ人間の歴史』集英社、1988〕

Melvyn Bragg, *On Giant's Shoulders* (London: Hodder and Stoughton, 1998; New York: Wiley, 2000)〔メルヴィン・ブラッグ著、熊谷千寿訳『巨人の肩に乗って——現代科学の気鋭、偉大なる先人を語る』翔泳社、1999〕

Jacob Bronowski, *The Ascent of Man* (London: BBC Books, 1973; Boston: Little, Brown & Co., 1973)〔ジェイコブ・ブロノフスキー著、平野敬一、村上陽一郎編注『人類の上昇』朝日出版社、1999〕

Arthur Koestler, *The Sleepwalkers* (London: Penguin, 1964; New York: Arkana, 1990)

王立協会に関する本
John Gribbin, *Fellowship* (London: Penguin, 2005; New York: Penguin 2006)

この他、日本語で読める入門参考書
オーウェン・銀河リッチ編集代表、ゲイル・E・クリスティアンソン著、林大訳『ニュートン——あらゆる物体を平等にした革命』大槻書店、2009.

ケリー・ローガン・ホリハン著、大森充香訳『ニュートンと万有引力——宇宙と地球の法則を解き明かした科学者』丸善出版、2013.

索引

アインシュタイン、アルバート　29-30
アグリッパ、コルネリウス　71
アスキュー、ジェイムズとマージェリー（アイザック・ニュートンの祖父母）　13
アスキュー、ハナ → ニュートン、ハナ
アタナシウス　62-63
アリウス　62-63
アリウス主義　61-62, 64-65
アリストテレス　38-39, 41, 45, 49
アルキメデス　38, 40-43, 45-46
アン女王　26
色　15, 28, 96, 98-100, 103
ウィキンズ、ジョン　23
ウィリアム3世（オレンジ公ウィリアム）　116, 119
ウールスソープ　11-13, 35-36
ウォード、セス　124
ヴォーン、トマス　71
ウォリス、ジョン　18
運動の法則　8, 16, 30, 83-84, 86-87
エドモンド、ハレー　27, 56, 123
遠隔作用　19, 21
王立協会　49, 55-56, 65, 101, 105, 122-126
　　ニュートンと〜　4, 8, 16, 24, 27, 65, 101, 105, 107, 109, 118, 122-126
王立造幣局　8, 26-27, 107, 111-113, 115, 121
オカルトの知識 → ニュートン（〜とオカルト）：錬金術、錬金術の知識
オルデンバーグ、ヘンリー　105, 124

加速度　85-86
ガリレイ・ガリレオ　14, 18, 38-40, 43-44, 49, 84, 86, 103-104
　　望遠鏡　44, 103-104
クーパー、ウィリアム　71
クラーク、ジョセフ　14, 49

クラーク氏（薬剤師）　14, 50, 96, 103
クリッパー　27, 112
グレゴリー、ジェームズ　104
啓蒙主義　30
ケプラー、ヨハネス　38-39
ケンブリッジ大学　14-16, 23, 26-27, 39, 47-49, 108, 116
　　ルーカス教授職　16, 49, 65-66
『光学』　95, 100-101, 108-109, 126
工学技術　87：→ 産業革命
絞首刑　27, 112
コペルニクス、ニコラウス　38, 45, 49, 51
コリンズ、ジョン　58
コンデュイット、キャサリン → バートン、キャサリン

産業革命　8, 30, 128
宗教　12：→ ニュートン（宗教）：ローマ・カトリック教会
ジョージ王（デンマーク）　60
スウィフト、ジョナサン　27, 119
数学　8, 15-19, 22, 24-25, 28, 30, 40-42, 44, 46, 50, 54, 67, 69, 75, 79, 82-83, 85-89, 91, 95, 104：→ 微積分学
数秘術　77
ストアラー、キャサリン　35
ストークス、ヘンリー　14
スミス、バーナバス　13, 32, 34-35, 118
スミス、ハナ（アイザック・ニュートンの義妹）→ バートン、ハナ
スミス、ハナ（アイザック・ニュートンの母）→ ニュートン、ハナ
清教徒革命　27
聖書　20, 22, 28, 62-63, 68, 77-80
ゼッツナー、ラザラス　71
占星術　77
相対性理論　30
ソロモン神殿　79-80, 88

チャールズ2世　50, 105

チャロナー、ウィリアム 113-114
デカルト、ルネ 14-15, 18, 96
天文学 54, 102-103, 105
ニュートン、アイザック
 〜が与えた影響 8, 29-30, 128
 〜が受けた影響 38-46
 確執 53-60, 122
 家族と生い立ち 12-13, 32-37, 118
 価値観 53, 57-60, 69-70, 129-132
 ：→『光学』、『プリンキピア・マテマティカ』
 健康問題 25-26, 101, 107, 109 111
 実験 17, 19, 21, 25-27, 51, 67, 69-70, 72, 74, 88, 92, 103, 107-109, 117, 128, 130：光に関する〜 15, 95-100
 宗教 20, 22, 35, 44, 53, 59, 61-66, 68-70, 76, 80-81, 93, 129：→価値観
 性格 9, 14, 32-34, 53, 102, 115
 生活 5, 23, 34, 107, 115-118
 政治 28, 116
 〜とオカルト 9, 19, 20, 22, 49, 51, 67-68, 75-77, 87, 111： →錬金術、錬金術の知識
 ナイトの称号 26
 墓 28, 101
ニュートン、アイザック（アイザック・ニュートンの父親） 12-13
ニュートン（アスキュー／スミス）、ハナ（ニュートンの母親） 12-13, 32, 118

バートン、キャサリン 118
バートン、ハナ 118
バイロン、ジョージ・ゴードン男爵 29
バビントン、ハンフリー 15, 47, 50-51
ハリファックス伯爵 119
バロー、アイザック 15-16, 49-51, 65-66, 105
万有引力の法則 8, 11, 16, 26, 56, 69, 74, 79, 81, 87
 〜をニュートンが導いた経緯 17, 19, 21, 25, 80-81, 88, 89-94

ピープス、サミュエル 125
光 15-16, 94-101
微積分学（微積分法） 8, 16, 18, 24, 41, 58-59, 85-86, 130
ピンガラ 18
ファシオ・ド・デュイリエ、ニコラ 75, 110
フック、ロバート 24, 54-57, 101, 122-123, 126
プラトン 49
フラムスティード、ジョン 54, 59, 105
『プリンキピア・マテマティカ』（自然哲学の数学的諸原理） 8, 17, 57, 59, 69, 84, 107, 126
ブルーノ、ジョルダーノ 14, 49, 51
ブレイク、ウィリアム 29
ヘルメス文化 22, 110：→錬金術、錬金術の知識
ホイヘンス、クリスティアーン 100
ボイル、ロバート 18, 67, 124
望遠鏡 6, 16-17, 44, 95, 102-105, 116, 130
ホーキング、スティーヴン 16

モア、ヘンリー 15, 22
モンタギュー、チャールズ 119-120
モンモール、ピエール・レモン・ド 119

ユークリッド 22

ライプニッツ、ゴットフリート 24, 54, 57-59
リッペルハイ、ハンス 104
リプリー、ジョージ 71
リンゴの話 11-12, 123, 132
レン、クリストファー 27, 56-57, 105, 123, 125
錬金術、錬金術の知識 5, 17, 19-21, 25, 27, 29, 49-51, 67-75, 77-79, 83, 87, 109-110, 116, 130-131
 〜と万有引力の法則への発展 17, 19, 21, 25：→ニュートン（オカルト）
ローマ・カトリック教会 13, 43-44, 49

訳者あとがき

　『ニュートンとコーヒータイム』お楽しみいただけたでしょうか？　偉人本人との架空インタビュー形式が大きな魅力となっている本シリーズですが、本書では、時に無愛想で、時に感情を高ぶらせながらも、ぶれない信念を語るニュートンの人柄を感じられる作品となっています。

　さて、本書の翻訳作業も終盤に差し掛かろうというとき、ひとつの訃報が飛び込んできました。2018年3月14日、「車いすの天才物理学者」としても有名なスティーヴン・ホーキング博士が亡くなったというのです。ホーキング博士は、難病を患いながらも長年研究に打ち込み、「ビッグバン宇宙論」など数々の革新的理論を提唱して現代宇宙論に多大なる影響を与えた他、一般読者向けに書いた『ホーキング、宇宙を語る』が世界的ベストセラーになるなど数々の功績を残しました。

　亡くなる2週間前にも「多元的宇宙」を唱える論文を完成させていたほど、最期まで情報を発信し続けたホーキング博

士。対照的に、ニュートンは秘密主義を貫き、死後も多くの研究内容が明るみに出ないことを願いました。そこには、異端と見なされる宗教の信仰が認められず、錬金術などの秘儀的な研究が死罪に値するという厳しい時代背景がありました。ニュートンが危険と恐怖を抱えながら研究を続けるには相当の覚悟と強い信念が必要だったはず。そう考えると、とかく「陰険」「無愛想」などと形容されがちなニュートンの性格も理解できますし、改めて畏怖の念を抱かずにはいられません。

　また、ニュートンは聖書解釈の研究から「人類は2060年までに終末期を迎え、その後平和な時代が到来する」と予言したと言われています。果たして、次なる偉人が巨人の肩の上から見る景色——私たちの未来——はどんなものになるのでしょうか。

　　　　　　　　　　　　　　　　　　　　　大森充香

著者紹介

マイケル・ホワイト [Michael White]

ジャーナリスト、講師、プロの音楽家を経て、現在作家として30冊以上の本を執筆。ベストセラー小説に『五つの星が連なる時』(早川書房)、S・ホーキング (ジョン・グリビンとの共著)、アインシュタイン、レオナルド・ダ・ビンチの伝記などがある。『Isaac Newton: The Last Sorcerer』ではアメリカでブックマン賞を受賞。シドニー在住。連絡先:michaelwhite.com.au

ビル・ブライソン [Bill Bryson]

旅行記で有名になる。近年は革新的な本『人類が知っていることすべての短い歴史』(新潮社)によって一般読者に科学史を紹介。最新の本『The Life and Times of the Thunderbolt Kid』では、1950年代のアメリカで育った自叙伝を執筆している。

訳者紹介

大森充香 [Atsuka Omori]

翻訳家。主な訳書に『ダーウィンと進化論——その生涯と思想をたどる』(平成21年度厚生労働省社会保障審議会推薦児童福祉文化財認定図書)、『ガリレオと地動説——近代科学のとびらをひらいた偉大な科学者』(平成22年度厚生労働省社会保障審議会推薦児童福祉材認定図書)(ともに丸善出版)などがある。

ニュートンとコーヒータイム

著者	マイケル・ホワイト ビル・ブライソン (まえがき)
訳者	大森充香
イラスト	ヤギワタル
発行日	2018年11月30日　初版第1刷発行
発行所	株式会社 三元社 東京都文京区本郷1-28-36　鳳明ビル1階 電話 03-5803-4155　ファックス 03-5803-4156
印刷＋製本	シナノ印刷 株式会社
コード	ISBN978-4-88303-469-7

「コーヒータイム人物伝」シリーズ
定価＝本体 1500 円＋税

既刊

シェイクスピアとコーヒータイム
スタンリー・ウェルズ／著
ジョゼフ・ファインズ／まえがき
前沢浩子／訳

アインシュタインとコーヒータイム
カルロス・I・カル／著
ロジャー・ペンローズ／まえがき
大森充香／訳

ミケランジェロとコーヒータイム
ジェイムズ・ホール／著
ジョン・ジュリアス・ノリッジ／まえがき
大木麻利子／訳

続刊予定

モーツァルトとコーヒータイム
オスカー・ワイルドとコーヒータイム

and more ...